Semra Mete

Krankheit als Schicksal oder Chance Du hast die Wahl

Mein Weg zur Heilung von Neurodermitis und Schuppenflechte

www.tredition.de

© 2020 Semra Mete

Verlag und Druck: tredition GmbH, Halenreie 40-44, 22359 Hamburg

ISBN
Paperback: 978-3-347-10079-4
e-Book: 978-3-347-09957-9

Erklärung

In diesem Buch stelle ich meine Krankheitsgeschichte dar und zeige die Wege auf, die mich zur vollen Gesundung geführt haben. Ich betone unsere Individualität in Zusammenhang mit der Heilung von Krankheiten. So unterschiedlich wir sind, so unterschiedlich und individuell sind auch unsere Wege. Mein Gesundungsprozess stimmt nur mit meinem Wesen, mit meiner Vergangenheit, mit meinen Glaubenssätzen, mit meiner Vorstellung, was Realität ist, und mit meinem Weltbild überein.

Ausdrücklich weise ich deshalb darauf hin, dass es sich bei dem Inhalt meines Buches nur um meine individuellen Erfahrungen mit den im Titel genannten Krankheiten und meine daraus gewonnenen Erkenntnisse handelt. Es handelt sich also bei meinen Ansichten, Erkenntnissen, Auslegungen, Vorschlägen um keine medizinische Beratung. Ebenso dürfen sie nicht als Ersatz für medizinische oder therapeutische Behandlungen verstanden werden. Jeder Mensch ist für sein Tun und Lassen stets selbst verantwortlich. Jegliche Haftung für Gesundheits- und Personenschäden, die in einem direkten oder indirekten Zusammenhang mit den in diesem Buch enthaltenen Informationen stehen (u.a. auch Inhalte von verlinkten externen Websites), ist ausgeschlossen.

Inhaltsverzeichnis

Danksagung

Mein Dank gilt allen meinen Mitmenschen, die bei meinem Heilungsprozess direkt oder indirekt mitgewirkt haben. Besonders danke ich meiner Freundin und früheren Kollegin Marlen Dittmar für ihre mitfühlende Art, die ganz wesentlich zu meiner Gesundung beigetragen hat. Sie hat mich stets mit Informationsmaterial versorgt, aus dem ich viele Impulse für meinen Heilungsprozess erhalten habe.

Aber auch Ärztinnen und Ärzten gegenüber, die mir nicht helfen konnten, die mir nicht Mut gemacht haben, die mich teilweise sogar damit vertrösteten, meine Krankheit als mein Schicksal zu akzeptieren, fühle ich mich irgendwie zur Dankbarkeit verpflichtet. Gerade weil ihre Therapien erfolglos blieben, gerade weil sie mich nicht, wie erhofft, einfühlsam behandelten, war es mir aufgegeben, meinen eigenen Weg zu gehen. Genau diese Umstände gaben mir die Gelegenheit, die Erfahrung zu machen, eigenverantwortlich zu handeln und meinem Schicksal selbst die Richtung zu geben. Ich habe viel prägnanter als zuvor erkannt, dass die Kraft, der Mut, das Vertrauen, all das, was ich für die Gesundung brauchte, in mir zu finden sind. Kurz, ich bekam die Gelegenheit, das Schöpferische in mir zu erfahren.

Ich danke meiner Familie, meinen damaligen Kolleginnen und Kollegen und all jenen Menschen, die mir nicht nur vom Herzen her, sondern auch räumlich nahestanden und mein krankes äußeres Erscheinungsbild ertrugen, ohne es mich spüren zu lassen.

Und nicht zuletzt bedanke ich mich bei allen, die mich bei der Erstellung dieses Buches direkt und indirekt unterstützt haben. Insbesondere Bobby Langer und Dr. Ursula Ruppert, die das Lektorat übernommen haben, bin ich in Dankbarkeit verbunden, ebenso meiner langjährigen Freundin Barbara Hoffmann, die Korrektur gelesen hat. Aber auch vielen Websitebetreibern, Bloggern und Youtubern gegenüber empfinde ich Dankbarkeit, aus deren Beiträgen ich viele wertvolle Inhalte, Tipps und Hilfestellungen für mein Buch erhalten habe.

1. Warum schreibe ich dieses Buch

„Wer Freude genießen will, muss sie teilen.
Das Glück wurde als Zwilling geboren."

George Gordon Byron

Es ist ungefähr sieben Jahre her, seit ich wieder meine volle Gesundheit zurückgewonnen habe. Die Beschwerden begannen im Frühjahr 2011 und erreichten Mitte 2012 ihre schlimmste Phase. Der anschließende Abschnitt bis zur vollkommenen Gesundung erstreckte sich über weitere anderthalb Jahre. Auch wenn sich dies wie eine relativ kurze Zeitspanne anhört, waren meine Beschwerden in der Hochphase so intensiv, dass ich mir nicht vorstellen konnte, wie es mit meinem elenden Zustand so weitergehen sollte. Ich wäre vielleicht nicht gestorben, aber ich könnte auch nicht sagen, dass ich gelebt hätte.

So bitter diese Zeit für mich auch war, so war es auch eine der wichtigsten, prägendsten und lehrreichsten Phasen meines Lebens. Damals kam es mir ehrlich gesagt nicht in den Sinn, ein Buch darüber zu schreiben. Zwar wurde ich von einigen Freunden darauf angesprochen, ob ich meine Geschichte nicht publizieren wolle, aber ich konnte damals noch nicht erkennen, welchen Nutzen meine Mitmenschen daraus ziehen könnten. Und das, obwohl ich selbst durch die Heilungsgeschichte eines anderen Menschen, auf die ich im Hauptteil dieses Buches näher eingehen werde, stark dazu inspiriert wurde, meinen eigenen Heilungsweg zu gehen.

Es mussten erst Jahre vergehen, bis mir immer klarer wurde, dass der Akt des Teilens ein wesentlicher Teil des Heilens ist. Es mussten Jahre vergehen, bis ich mich innerlich soweit gestärkt und diszipliniert hatte, um meinen individuellen Heilungsweg mit meinen Mitmenschen auf diesem Weg zu teilen und so meinen Beitrag zu etwas Gutem zu leisten. Der Spruch „Teilen ist Heilen" bringt diese Weisheit wunderbar auf den Punkt. Ja, TEILEN IST HEILEN, das ist die Haupterwägung für das Erscheinen dieses Buches, mit dem schönen Nebeneffekt der Selbstentfaltung und der kribbelnden inneren Freude, Menschen durch das Teilen der eigenen Erfahrungen und Erkenntnisse zu inspirieren und sie so auf ihrem eigenen Heilungsweg zu bestärken.

2.   Meine Krankheitsgeschichte

„Wenn die Seele weint, der Mund schweigt,
spricht der Körper."

Unbekannt

2.1.   Meine familiäre und berufliche Situation, bevor meine Haut rebellierte

Kündigung der Festanstellung und Rückkehr in die Heimatregion

Anstatt direkt mit dem Ausbruch der Krankheit zu starten, halte ich es für sinnvoll, zu Beginn etwas weiter auszuholen. Ich gehe davon aus, dass die nähere Beschreibung meines psychischen Zustands in der Vorphase der Krankheit zu einem tieferen Verstehen meiner Beschwerden beitragen kann.

Nach einem knapp zehnjährigen Lebensabschnitt in Düsseldorf bin ich 2006 mit meiner Familie nach Hof/Oberfranken zurückgekehrt, wo meine Eltern und meine Geschwister heute noch leben. Nach Düsseldorf war ich 1997 gegangen, um meine erste Stelle nach dem BWL-Studium anzutreten und gleichzeitig meinen Bruder zu unterstützen, der in Duisburg mit seinem Studium begonnen hatte. Ich übernahm dort in einem technisch-wissenschaftlichen Verband die Leitung der Bereiche Rechnungswesen und Mitgliederbetreuung.

Als jemand, der in einer Kleinstadt aufgewachsen war, konnte ich mich jedoch mit dem Großstadtleben überhaupt nicht anfreunden. Zudem war ich auch kein klassischer Karriere-Mensch mit hochgesteckten, nach außen gerichteten Zielen. (Daran kann man sehen, wie unpassend und wenig durchdacht mein gewählter Studiengang bzw. meine berufliche Orientierung war!) Vielmehr sah ich, wie schlimm es ist, in diesem System funktionieren zu müssen, um einigermaßen gut leben zu können. Die Arbeit nahm mich zeitlich sehr stark in Anspruch. Wie schnell doch auf einmal meine Lebensjahre ohne wertvollen Inhalt an mir vorbeirasten! Alexis Carrels Spruch füllte sich mit Inhalt:

„Es kommt nicht darauf an,
dem Leben mehr Jahre zu geben,
sondern den Jahren mehr Leben zu geben."

„Das kann doch nicht Sinn des Lebens sein, dass ein Großteil des Lebens mit Arbeit gefüllt ist und das ohne familiäres Umfeld, was ich doch anders gewohnt war", waren meine ständigen Gedanken im Hinterkopf, die im Laufe der Jahre immer lauter und lauter wurden.
In der Zwischenzeit war ich verheiratet. Mein Mann kam aus der Türkei und hatte erst mal mit sprachlichen Hürden zu kämpfen. Erschwert

wurde seine Jobsituation auch dadurch, dass sein in der Türkei abgeschlossenes Studium nicht voll anerkannt wurde und er seinen Beruf nicht ausüben konnte. Das belastete mich zusätzlich sehr. Einige Jahre später kam unser Sohn zur Welt. Der Wunsch, die große Familie um mich zu haben, wurde dadurch noch stärker. Das unwohle Gefühl, „in der Fremde zu sein", sowohl äußerlich auch als innerlich, hatte sich auch nach Jahren nicht gelegt. Mir wurde immer klarer, dass ich definitiv am falschen Ort war, was sich auch intensiv in meinen Träumen widerspiegelte. Aber die Vernunft, falscher Stolz und Angst waren die Gründe, die mich davon abhielten, einen anderen Weg in meinem Leben zu wagen. „Wie begrenzt und kleinmütig", sagt mein heutiges Ich dazu!

Meine Bemühungen, einen Job in meiner Heimatregion anzunehmen, der einigermaßen meiner Qualifikation entsprach, fruchteten leider nicht. Als aber dann mein Bruder, der inzwischen auch eine Familie gegründet hatte, nach Hof umzog, wandelte sich das lange Grübeln „Soll ich kündigen oder nicht?" schnell in eine feste Entscheidung. Ich gab die langjährige Anstellung auf und kehrte mit meiner Familie im Juni 2006 in die Heimatstadt zurück, ohne Aussicht auf einen festen Job.

Gescheiterte Selbstständigkeit

Geprägt von Sorgen und der Ungewissheit, wie es nun weitergehen soll, packte ich eine Handelsvertreter-Tätigkeit im Bereich Fruchtgroßhandel in der Türkei an, an der auch mein Mann mitwirken konnte. Trotz erfolgreicher Absatzvermittlungen führte die fehlende Zahlungsmoral unserer Geschäftspartner dazu, dass wir diese Aktivität nach einigen Jahren einstellten. Mein Mann und ich standen nun beide ohne Arbeit da. Genau diese Befürchtungen hatte ich gehabt, als wir uns zu dem Umzug entschlossen hatten.

Rein intuitiv hätte ich gerne wieder etwas unternommen, wobei ich selbstbestimmt agieren konnte. Eine vollkommen freie Arbeit nach eigenen Vorlieben und Entscheidungen, eine selbst kreierte Aktivität sozusagen, die aus inneren Impulsen entsteht. Bei so einer Art von Arbeit, die stimmig ist, weil sie zum eigenen Wesen passt, kann doch nur Freude empfunden werden und keine Last. Aber ... hatte ich nicht erst einen Versuch mit einer selbstständigen Tätigkeit hinter mir?! Aus Angst, nochmals zu scheitern, drängte ich meine Intuition beiseite.

Ich war verzweifelt und orientierungslos. Es stellten sich viele Fragen in meinem Kopf. Wie soll es jetzt in unserem Leben weitergehen? Was will ich überhaupt in meinem Leben erreichen? Hatte ich überhaupt ein Lebensziel? An welchen Leidenschaften von mir könnte sich eine geschäftliche Aktivität ausrichten, durch die ich auch meinen Lebensunterhalt finanzieren kann? Wo wollte ich in fünf oder zehn Jahren finanziell, beruflich, persönlich sein? Ich wünschte mir klare Wünsche und Lebensziele, die aus meinem Inneren einfach so entspringen. Aber je tiefer ich mich mit diesen Fragen beschäftigte, umso mehr spürte ich den zeitlichen Druck, jetzt etwas zu tun. Mittlerweile war auch unser zweites Kind geboren. Meine Angst nahm immer mehr Raum ein und überschattete die Antworten, die ich auf die tiefsinnigen Fragen suchte. Ich musste mich nach der akuten Lage richten, nach den äußeren Gegebenheiten, statt mich den tiefen Bedürfnissen im Inneren zu widmen.

RÜCKBLICKEND ...

... frage ich mich an dieser Stelle, warum ich damals dem äußeren Druck so viel Wert beigemessen habe. **War ich vielleicht unbewusst darin geübt, nur auf das zu reagieren, was von außen vorgegeben war?** Warum konnte ich damals nicht einfach

Ziele wie ein selbstbestimmteres, glücklicheres Leben wählen? **Was hat mich daran gehindert, das Selbstverständlichste als nicht selbstverständlich anzusehen?** Sind das nicht Wünsche, die jeder von uns hat, haben sollte?

Nachdem ich einige gute Werke über die Funktionsweise unserer Psyche mit Bewusstsein und Unterbewusstsein gelesen hatte, begann ich, mein vergangenes Leben nach Ereignissen und Erlebnissen zu „durchleuchten", die mich geprägt hatten. Nun, ich musste feststellen, dass so einige destruktive Ereignisse in meiner Kindheit vorgefallen waren, die mich unbewusst in dem Glauben hielten, meine Wünsche besser nicht zu äußern, weil sie im Außen nie Gehör gefunden hatten. Für mein Unterbewusstsein hieß es der Logik entsprechend: „Der Wunsch, der im Außen kein Gehör findet, braucht auch nicht geäußert zu werden." Viele solche destruktiven Gedankenprozesse und Überzeugungen aus unserer Kindheit bestimmen völlig unbewusst unsere Emotionen, unsere kleinen wie großen Entscheidungen, unsere tagtäglichen Handlungen und somit unser gesamtes Leben, bis wir uns dessen bewusst werden. C. G. Jung bringt das so klar zum Ausdruck:

„Bis du dem Unbewussten bewusst wirst,
wird es dein Leben steuern
und du wirst es Schicksal nennen."

Ja, das Unbewusste war bis dahin mein Schicksal gewesen. Meine tiefsten Bedürfnisse, meine innigsten, natürlichen Wünsche waren verschüttet unter einem Geröll von Zweifeln, Sorgen und Angst. Ich fühlte mich eingeengt in diesen negativen Gefühlen und hatte keine andere Lösung parat, als nach einer Festanstellung zu suchen, um mich in meiner „äußeren Haut" wieder einigermaßen wohlzufühlen.

Wieder Vollzeit-Festanstellung

So trat ich im Dezember 2010 eine Stelle als Assistentin der Geschäftsführung in einem Forstwirtschaftsunternehmen an. Die Anstellung beruhigte meine Ängste, nicht aber meine tiefsten Wünsche nach einem selbstbestimmteren Leben. Innerlich wusste ich: Ich entferne mich wieder von meinem wahren Wesen, von meinen Wahrheiten. Dabei hatte ich meine fast zehnjährige Festanstellung in Düsseldorf einige Jahre zuvor aufgegeben, um noch mehr zu mir zu finden. Es kam mir vor wie ein Betrug, ein Selbstbetrug.

Wie auch immer, ich hatte jetzt eine auf Angst basierende Entscheidung getroffen und musste das nun durchziehen. Einige Wochen vor meinem Start begann es im ganzen Land heftig zu schneien, vor allem aber in unserer Region, in Oberfranken. Ein Schneechaos in diesem Ausmaß hatte ich zuvor nicht erlebt. Es war so, als würde diese Wetterlage meinen inneren Zustand widerspiegeln. Alles war im wahrsten Sinne des Wortes im Schnee versunken. So war allein die tägliche Fahrt zur Arbeit, 20 km hin und zurück, für mich eine Herausforderung, zumal meine Arbeitsstätte in einer ländlichen Gegend lag. Ich spürte, dass ich so ziemlich an die Grenzen meiner mentalen Kräfte stieß, und dachte, „schlimmer kann es doch nicht kommen". Ich wusste, dass ich noch mehr leiden würde, wenn ich die präsenten Gefühle und Gedanken nicht unter Kontrolle halte. Und zwar würde ich unter der Vorstellung leiden, im Leben gescheitert zu sein. „Nein, nein, das kann ich mir nicht leisten." Schon der bloße Gedanke daran versetzte mich in Angst, war mir eine Horrorvorstellung. Einfach ignorieren schien mir der beste Weg, mich in diesen Emotionen nicht noch mehr zu verlieren. „Lieber funktioniere ich, als in dem Horrorszenario zu leben", war meine damalige Devise.

RÜCKBLICKEND ...

... erkenne ich, **wie ich von Angst geleitet wurde, um Angst zu meiden**. Wirklich irre! Es ging also aus damaliger Sicht nicht anders, als das ungeliebte Funktionieren zu wählen! Und das bedeutete nichts anderes, als weiterhin auf der Oberfläche des Lebens dahinzutreiben ... weit, weit entfernt von den verborgenen Wahrheiten in unserer Tiefe. Nur so deute ich auch den Spruch von Demokrit:

„In Wirklichkeit erkennen wir nichts.
Denn die Wahrheit liegt in der Tiefe."

2.2.   Ausbruch meiner Krankheit

Juckreizintensität nimmt zu

Das neue Arbeitsumfeld war in vielerlei Hinsicht anders als das, was ich in Düsseldorf gewohnt war. Mein Fokus war nun darauf gerichtet, den Erwartungen meines Umfelds gerecht zu werden als Mitarbeiterin, als Kollegin, als Mutter und als Hausfrau (auch wenn mein Mann für den Haushalt in größerem Umfang gesorgt hat). Vor allem an Sonntagabenden, wenn ich körperlich und geistig vollkommen erschöpft und ausgelaugt im Bett lag, kreisten immer die gleichen Gedanken in meinem Kopf: „Oh Gott, wieder ist eine Woche um. Ich bin so kaputt und morgen geht es wieder von vorne los." Ohne dass ich eine Verschnaufpause hatte, startete die neue Woche. Und so ging es Woche für Woche, Monat für Monat …

Und von Monat zu Monat merkte ich, wie unwohl es mir in und mit meiner Haut erging. Anfangs hatte ich dem sporadisch auftauchenden Juckreiz keine große Bedeutung beigemessen, weil ich schon seit der Behandlung meiner Zähne in Düsseldorf 1997 immer wieder mal nach dem Duschen einen leichten Juckreiz, vor allem am Oberkörper, verspürte. Mir fiel aber auf, dass dieser neue Juckreiz sich von dem bisherigen wesentlich unterschied. Ich bekam öfters Juckreizattacken, unabhängig davon, ob meine Haut mit Wasser in Berührung kam oder nicht. Ich musste mich vom Kopf abwärts am ganzen Körper bis zu den Zehen kratzen. Aus den anfänglich zwei bis drei Attacken wurden täglich mindestens fünf bis sechs. Auch die Menschen in meinem Umfeld wurden darauf aufmerksam und sprachen mich darauf an, was mit mir los sei. Nur ich nahm die schleichende Krankheit nicht ernst. Ich schaffte es, im Alltag noch voll zu funktionieren.

Mittlerweile waren zehn Monate seit dem Wiederstart ins Arbeitsleben vergangen. Die Häufigkeit und Intensität der Juckreizattacken nahm kontinuierlich zu. Es vergingen keine zwei Stunden, bis der nächste Kratzschub kam. Entsprechend sah meine Haut aus. Sie wurde zunehmend dünner und ich hatte Schwellungen am ganzen Körper, insbesondere an den Beinen. In der Hals- und Gesichtsgegend begann es zu schuppen und der Juckreiz wurde immer heftiger.

Diese „Störung" nahm immer mehr meiner Lebenszeit in Anspruch. Ich wollte sie gerne ignorieren, aber sie ließ mir keine Ruhe, im wahrsten Sinne des Wortes. Je mehr ich diesen lästigen „Zwischenfall" missachtete, umso intensiver zeigte er sich mir. Ich musste zwangsweise hinschauen, ich musste mich damit befassen, mir blieb nichts anderes mehr übrig. Ob ich es wahrhaben wollte oder nicht, ich hatte es nun mit einer ernst zu nehmenden Krankheit zu tun.

Mein erster Ansatz: Entschlackungskur

Da ich jemand bin, der mit Arztbesuchen sehr sparsam umgeht, war ich diesbezüglich bei keinem Arzt gewesen. Ich überlegte mir, wie ich meinen Zustand am besten selbst in den Griff bekommen könnte, und begann, im Internet zu recherchieren. Dabei habe ich viel über die äußerliche Pflege gefunden, nicht viel aber über die Ursache bzw. Ursachen von Juckreiz und was man dagegen tun kann.

Mein erster intuitiver Ansatz war es, eine Entschlackungskur zu beginnen, weil mir irgendwo im Hinterkopf herumschwirrte, die Ursache für die Hautprobleme würde mit dem Darm in Verbindung stehen. Auch erinnerte ich mich an meine Sportlehrerin in der Hauptschule, die mich mit einer 14-tägigen Entschlackungskur in Staunen versetzt hatte. Ja, ich wollte auch mal zwei Wochen lang nur trinken und keine feste Nahrung zu mir nehmen. Danach könnte ich testen, bei welchem Lebensmittelverzehr meine Haut mit Juckreiz reagiert. Die vielen gut gemeinten Gegenmeinungen meines Umfeldes – wie ich so etwas machen könne, wo ich doch sowieso so mager sei; jetzt wochenlang gar nichts zu essen, würde mich erst recht schwächen – führten mich dazu, dass ich meine Kur bereits nach dem zweiten Tag abbrach.

RÜCKBLICKEND …
… stelle ich mir die Frage, warum ich die begonnene Kur abgebrochen habe. Warum konnte ich damals nicht einfach all die Kommentare überhören? Warum folgte ich nicht einfach meinem inneren Impuls? Kurz, **warum konnte ich nicht ich sein?**

Heute weiß ich, die Antwort liegt wieder im Unbewussten, in den unbewusst festgehaltenen Suggestionen in meiner Kindheit. Wie viele andere Kinder auch lernte ich in meiner Kindheit zu gehorchen, meine innere Stimme zu unterdrücken, sie nicht zu beachten. Warum sollte es im Erwachsenenleben jetzt auf einmal anders sein?! Dabei überzeugten meine Mitmenschen mich gar nicht mal mit ihren Meinungen, aber ich folgte ihnen dennoch vollkommen unbewusst. Ich musste erst viele Umwege mit Erfahrungen des Leidens und Schmerzen machen, um zu erkennen, dass dieser intuitive Ansatz doch richtig war!

2.3.   Auf der Suche nach Therapiemöglichkeiten

Der erste Arztbesuch

Die vielen Kritiken um mich herum, warum ich nicht zu einem Arzt gehe, wurden immer lauter, sodass ich den nächstmöglichen Termin bei einer Ärztin wahrnahm. Sie diagnostizierte atopische Dermatitis, also Neurodermitis, und fragte, ob ich früher als Kind daran erkrankt gewesen war. „Ja, als ich einige Monate alt gewesen bin, soll es mir sehr schlimm ergangen sein mit meiner Haut laut den Erzählungen meiner Mutter." Sie sagte, mein aktuelles Hautleiden könnte möglicherweise damit in Zusammenhang stehen. Irgendwie erwartete ich in dem Moment, dass sie mir noch weitere Fragen stellen würde, um meiner Krankheit auf den Grund zu gehen. Leider blieb meine Hoffnung unerfüllt. Auf meine Frage, was die genaue Ursache sein könnte, antwortete sie, dass man bei solchen Hautkrankheiten die genaue Ursache nicht kenne. Ich solle Cetirizine-Tabletten nehmen, die würden meinen Juckreiz lindern. Das sei das übliche Medikament gegen den Juckreiz.

„Vielleicht wäre es ganz gut, einen Allergietest zu machen, wenn ich schon beim Arzt bin", dachte ich und fragte sie, ob das gleich machbar sei. Ich erzählte ihr, dass ich früher eine Kreuzallergie gehabt hatte und diese heute noch in schwacher Form hätte. Ich reagiere auf einige Pollen sowie rohe Haselnüsse und Mandeln. Es könne ja durchaus sein, dass mein Körper mittlerweile auf andere Nahrungsmittel oder auf irgendwelche anderen Substanzen allergisch reagiert. So durfte ich mich einem Allergietest unterziehen, um eventuelle Nahrungs-Unverträglichkeiten auszuschließen. Laut dem Testergebnis war ich aber, bis auf die bereits bekannten Allergien, allergiefrei. Einerseits ein schönes Ergebnis, andererseits wusste ich immer noch nicht, was die Ursache meiner Hautkrankheit war.

Mein Zustand war mittlerweile so akut, dass ich trotz meiner Vorbehalte gegen chemische Pharmaka diese Cetirizine-Tabletten, Antihistaminika, einnahm. In den ersten Tagen reduzierte sich das leidige Kratzen drastisch, sodass ich endlich ein bisschen aufatmen konnte. Wenn auch mit Nebenwirkungen, hatte ich zumindest jetzt ein Mittel, das mir helfen würde, dachte ich freudig. Die Freude war aber von kurzer Dauer. In den Folgetagen nahm die Wirkung der Tabletten immer mehr ab, sodass ihre Wirkung ab dem vierten Tag komplett versagte.

Erhoffte Hilfe von Experten

Mein Vorgesetzter, der ebenfalls besorgt war um meinen Zustand, empfahl mir, zu einem Professor zu gehen, der seine Privatpraxis in einer Hautklinik hatte. Der Professor hörte sich meinen Krankheitsverlauf an und fragte mich, welche Mittel ich bereits eingenommen hätte. Als ich sagte, dass ich für die Pflege natürliche Öle wie Mandel- oder Olivenöl benutze, sagte er mit aggressivem Unterton, ich solle „mit so einem Quatsch aufhören"! Diese ganzen Naturpflegeprodukte würden mehr kaputtmachen, als sie nützten. Ich war etwas verdutzt, erstens über seine äußerliche Reaktion und zweitens über den Inhalt der Aussage. Ich sah das nämlich nicht so wie er. Er brachte aber auch keine vernünftigen, überzeugenden Argumente für seine Behauptung. So entwickelte sich in mir eine Abneigung, obwohl ich aus dieser Klinik gerne mit einem hoffnungsvolleren Gefühl hinausgegangen wäre. Daraufhin schaute er sich kurz meine Haut an und meinte, er könne in meinem Falle nur Lichttherapie mit stationärem Aufenthalt anbieten; eventuell könne diese Therapieform eine Hilfe sein. Auch wenn mein Verstand sagte, dass ich es mir überlegen werde, war eigentlich die Entscheidung dagegen innerlich schon gefallen.

Der Juckreiz wird immer „präsenter" in meinem Leben

Von Tag zu Tag spürte ich, wie ich mich langsam meinen physischen und psychischen Grenzen näherte. Es wurde immer „enger" in meiner Haut und sie platzte im wahrsten Sinne des Wortes jeden Tag ein bisschen mehr. Die Juckreizschübe kamen nun fast ununterbrochen. Ich hatte keine ruhige Stunde mehr. Den Alltag bewältigte ich sozusagen nur nebenbei. Das Kratzen war zu meiner Haupttätigkeit geworden. Ich las im Internet, dass man möglichst nicht kratzen solle, wenn die Juckreizschübe kommen. Ist ja leichter gesagt als getan. Das Enthalten ging bei mir nur für eine kurze Weile gut. Der Reiz kam dann umso wuchtiger zurück. Mein Verstand konnte in dem Moment sagen, was er wollte. Dieser Gedanke der Vernunft kam mir vor wie ein Tropfen auf den heißen Stein.

Ich benutzte auch Baumwollhandschuhe oder schnitt immer wieder meine Fingernägel ziemlich kurz, um mich beim unkontrollierten Kratzen nicht noch mehr zu verletzen. Das führte schließlich dazu, dass meine Fingerkuppen aufplatzten und ebenfalls wund wurden. Der Drang zum Kratzen war so intensiv, so kraftvoll – nichts konnte mich in diesem Moment davon abhalten. Und nachdem ich mich blutig in die Ruhe gekratzt hatte, gingen Fragen über Fragen durch meinen Kopf. Was läuft da gerade in meinem Körper ab, das mein Handeln zu 100 Prozent bestimmt und mich so machtlos macht? Warum habe ich diese Krankheit in diesem Ausmaß und warum jetzt? Das muss ja eine Ursache haben oder auch mehrere Ursachen! Ich wusste, dass ich so vieles nicht wusste, was tatsächlich in meinem Körper vorging, so ganz im Sinne des berühmten Spruchs von Sokrates:

„Ich weiß, dass ich nicht weiß."

Das Schlimme war, dass auch die moderne Medizin auf meine Fragen keine Antworten hatte. So nahm ich jede Empfehlung wahr, die mir in meinem Umfeld gegeben wurde. Ich wollte und konnte nichts unversucht lassen.

Hoffnung mit Alternativmedizin

Ich war schon immer offen gegenüber der Naturheilkunde. So ging ich auf Empfehlung aus Kollegenkreisen zu einer Ärztin, die neben der Schulmedizin auch Akupunktur und Bioresonanztherapie anbot. Ich bekam schnell einen Termin. Die Ärztin wies mich darauf hin, dass es sich dabei um keine Kassenleistung handelt und jede Sitzung rund 75 € kostet. Aber das war mir schon klar. „Meine Gesundheit ist mir schließlich wichtiger als das Geld", sagte ich zu mir selbst, auch wenn ich das ärgerlich fand.

Bevor die Therapie durchgeführt wurde, durfte ich bei der Ärztin vorsprechen und ihr meinen Krankheitsverlauf schildern. Daraufhin gab sie mir zu verstehen, dass sie nicht wisse, was die Auslöser für meine Leiden sein könnten. Ob die Bioresonanztherapie die Heilung bewirken könne, würde man erst nach der zweiten oder dritten Sitzung sehen können. Ich erkundigte mich nach der groben Funktion bzw. Wirkung dieser Therapie und sie antwortete sinngemäß: „Das weiß ich nicht. Es ist halt ein Gerät, das mit den Akupunkturstellen, die die Chinesen seit Jahrtausenden kennen, verbunden wird. Es kann wirken, kann aber auch wirkungslos sein." Ich konnte mit dieser schwachen Aussage ehrlich gesagt nichts anfangen. „Sie bietet ihren Patienten eine Behandlungsmethode an, deren Wirkungsweise sie nicht mal ansatzweise erklären kann", waren meine Gedanken. Der Eindruck, dass es ihr nur um einen guten finanziellen Nebenverdienst geht, löste in mir gleich einen inneren Widerstand aus. Aber, ich war nun mal da und zumindest sollte ich eine Sitzung ausprobieren. Soweit ich mich erinnern kann, dauerte die Sitzung etwa eine halbe Stunde. Mir war klar, dass ich auch da nicht mehr hingehen würde.

Die nächste Anlaufstelle war wieder eine Ärztin, die ebenfalls neben ihrer schulmedizinischen Praxis Alternativtherapien wie Homöopathie, Kinesiologie, Bioresonanz und noch viele andere Methoden anbot. Sie wandte bei mir alle drei genannten Methoden in Abständen von einer Woche an, natürlich zahlte die Krankenkasse auch hier die Kosten nicht. Bei ihr habe ich mich gut aufgehoben gefühlt. Aber auch nach der dritten Sitzung kehrte nichts von der so sehr erhofften Besserung ein.

Voller Verzweiflung nahm ich jeden weiteren Tipp dankbar an, der ein bisschen Heilungshoffnung in mir auslöste. So besuchte ich auf Empfehlung meines Vorgesetzten die Naturheilpraxis eines Ehepaars, das schwerpunktmäßig mit Kinesiologie und Homöopathie arbeitete. Die Praxis war von uns etwa 150 km entfernt. Da ich nicht in der Lage war, das Auto über diese längere Strecke selbst zu fahren, fuhr mich mein Vater dankenswerterweise dorthin. Während das Ehepaar an meinem

Arm bzw. meinen Armen mit Muskeltests herausfinden wollte, was die Ursache für den Ausbruch meiner Krankheit sein könnte und wo die Ursache auf körperlicher Ebene liege, betrachtete mein Vater mit erstaunten Blicken diese Behandlung. Vermutlich konnte er diese Art von Behandlung mit den von ihm bisher gekannten medizinischen Untersuchungsformen nicht in Verbindung bringen. Nach einer anderthalbstündigen Sitzung brachten die vielen Muskeltests das Ergebnis hervor, dass insbesondere der Gedanke „Ich habe keine Zeit für mich" hohen Stress bei mir auslöste und dass auf körperlicher Ebene vor allem die Hypophyse und die Nieren hohe Auffälligkeiten zeigten. Ebenfalls durch den Muskeltest abgestimmt, bekam ich ein homöopathisches Mittel, das ich die nächsten sechs Wochen einnehmen sollte.

Auch wenn ich den ganzheitlichen, natürlichen Alternativtherapien sehr positiv gegenüberstand, handelte es sich nach meiner Überzeugung um ein Heilverfahren mit Langzeitwirkung. Meine Krankheit war aber mittlerweile schon so weit fortgeschritten, dass ich am liebsten schnelle Heilung herbeizaubern wollte. Konnten die Mittel, die ich in dieser Stimmungslage einnahm, überhaupt wirken? Meine mittlerweile erschöpfte Geduld ließ mich immer mehr daran zweifeln.

Mein elender Zustand auf der Arbeit und zu Hause

Ich schleppte mich in diesem Zustand noch zur Arbeit, vielleicht weil ich nicht wahrhaben wollte, dass meine Krankheit mich im Griff hatte. Mein Verstand sagte mir nur: „Geh zur Arbeit, dann bist du vom leidigen Kratzen immerhin abgelenkt." Auf der Arbeit ging ich geschätzt so jede halbe Stunde, wenn die Juckreizschübe kamen und ich es nicht mehr aushalten konnte, mit meinem Equipment (Cremes, Öle, Bandagen etc.) zur Toilette und kratzte mich am ganzen Körper so lange, bis die Schmerzen durch das Kratzen unerträglich wurden.

Nicht nur die Schmerzen machten mir aber zu schaffen, sondern auch der eigene Anblick meiner wunden, eitrigen Haut. Meinen Hals, mein Gesicht und meine Hände konnte ich ja nicht unter der Kleidung verstecken, wobei die Kratzspuren auf den Händen das geringere Übel waren. Viel schlimmer sahen meine Halsgegend und mein Gesicht aus. Zwar juckte es an diesen Stellen nicht wie an den übrigen Körperregionen, dafür schuppte sich die Haut heftig, vor allem im ganzen Gesicht. Und zwar so heftig, dass mein Arbeitstisch samt den Unterlagen darauf immer wieder mit Schuppen bedeckt war. Meine Kleidung, mein Stuhl, der Boden – wo ich saß, sah es so aus, als hätte es Schneegriesel gegeben. Die Schuppen fielen wie Schneeflocken von meinem Gesicht und hinterließen überall Spuren, wo ich auch immer war. Kaum hatte ich meinen Tisch und den Boden abgewischt, war nach ungefähr einer Stunde alles wieder bedeckt. Gefühlt häutete sich mein Gesicht mindestens zehn- bis 15-mal pro Tag, wenn nicht öfter. Im späteren Verlauf meiner Krankheit wurde die Hautregion im Halsbereich und in der Stirngegend auch noch stark wässrig und eitrig. Die anfänglich kleinflächigen Schuppen wurden immer größer. Ich konnte die Haut, insbesondere auf der Stirn und um meine Augen herum, abschälen, ähnlich wie ich heiße Kartoffeln schälen würde. Während ich das tat, konnte ich es irgendwie nicht glauben, aber es war Realität. Ich wünschte, es wäre nur ein Albtraum.

Da ich mich für diesen Zustand richtig schämte, versuchte ich, mich meinen Kolleginnen und Kollegen so wenig wie möglich zu zeigen. Allein, wenn ich jetzt meine Bilder von damals betrachte, verzieht sich mein Blick zu einer Ekelgrimasse. Wer weiß, wie es meinen Kolleginnen/Kollegen damals erging, aber sie ließen sich nichts anmerken. Ein Gefühl von Dankbarkeit erfüllt mich stets, wenn ich mir bewusst mache, welches Verständnis und Mitgefühl sie alle mir in meiner miserablen Verfassung entgegenbrachten.

Zu Hause holte ich täglich mehrmals den Staubsauger raus, um die überall verstreuten, abscheulichen Schuppen wegzusaugen. Immer wieder ging ich ins Badezimmer, um die Schuppen von mir abzuschütteln. Ich konnte es irgendwie nicht fassen, wie schnell sie sich immer wieder und wieder bildeten. „Warum spielt mein Körper jetzt so verrückt, was geschieht da gerade in mir?", dachte ich regelmäßig, wenn ich mich im Spiegel betrachtete.

Besonders schlimm waren die Nächte. Die Juckreizattacken ließen mich nicht mehr durchschlafen. Monate hatte ich keinen ausreichenden Schlaf mehr gehabt. Meine Familie litt natürlich auch unter diesem Umstand. Mit meiner überall blutigen und eitrigen Haut konnte ich nicht mal meine Kinder umarmen oder sie auf meinen Schoß nehmen. Die Nächte verbrachte ich im Wohnzimmer auf der Couch, die ich mit dicken Tüchern überzog. Morgens entfernte ich dann die mit Blut und Eiterflüssigkeit beschmierten Stoffe wieder.

Viele Menschen um mich herum machten sich große Sorgen um mich. Insbesondere die sehr besorgten Blicke und der Gesichtsausdruck meiner Eltern verrieten mir, wie ernst doch meine Lage geworden war. Es musste mir wohl viel schlimmer gehen, als ich mich ohnehin fühlte. Ich spürte ihre Angst. Angst, dass ich diesen schlimmen Zustand nicht überleben könnte. Und wie seltsam es an dieser Stelle auch klingen mag, irgendwie machte ich mir auch Sorgen um sie. Vielleicht fühlte ich mich für ihre Traurigkeit verantwortlich und hatte das Gefühl, sie trösten zu müssen. Immer wenn sie mich besorgt fragten, was jetzt mit mir werden soll, sagte ich: „Glaubt mir, die Krankheit wird, so wie sie gekommen ist, auch wieder verschwinden. Das weiß ich, macht euch um mich keine Sorgen." Ich weiß nicht, ob ich diese Worte aus einer tiefen, festen Überzeugung sagte oder ob ich diese Wunschvorstellung nur zu Trostzwecken formulierte. Die Worte flossen instinktiv aus mir heraus.

Der innere Dialog

In einer der wenigen kratzfreien Minuten betrachtete ich meine wunden Beine. In völlig verzweifelter Fassung gingen wieder Fragen durch meinen Kopf: „Was ist denn das, Herrgott noch mal? Was ist los mit meinem Körper? Was läuft da schief?" Versunken in die Gedanken riss ich geronnenes Blut auf einem Bein ab. Während ich verfolgte, wie erneut Blut austrat, sagte ich lautlos vor mich hin: „Es sind Gifte, die mein Körper auszuscheiden versucht." Als ich im nächsten Moment leicht verdutzt den Inhalt meines zuletzt geflossenen Gedankens wahrnahm, kam auch gleich der Folgegedanke: „Kann das überhaupt stimmen, was ich da gerade als Gedanken geäußert habe?" „Oh ja, das sind Gifte! Mein Körper scheidet sie durch meine Haut aus!", sagte ich mit einer sicheren, lautlosen Stimme, die ich tief in meinem Inneren für einen kurzen Moment hörte. „Ja aber woher kommen diese Gifte, was sind es für welche, wo ich mich doch weitgehend gesund ernähre, zumindest gesünder als viele andere, die gar kein Problem haben? Und warum scheide ich sie durch meine Haut aus?", waren weitere Fragen meines inneren Dialogs, die unbeantwortet im Raum standen.

Ich war krankenhausreif

Die Frage aller Fragen war jedoch, wie es mit mir weitergehen sollte. Wohin sollte ich als Nächstes gehen? Hatte ich nicht alle Therapiemöglichkeiten ausgeschöpft? Seitens meiner Eltern und Geschwister war ich ständiger Kritik ausgesetzt, dass ich mich zu sehr auf die Naturheilverfahren stütze, aber den schulmedizinischen Therapiemöglichkeiten wenig Bedeutung beimesse. Ich weiß, wie sehr sie um mich besorgt waren. Da ich selbst nicht mehr weiterwusste, ging ich schließlich zu einer anderen Ärztin, die gut sein sollte. Als ich im Sprechzimmer vor ihr stand, warf sie mir einen Blick zu und sagte: „Ich brauche Sie gar nicht weiter zu untersuchen, Sie sind schon krankenhausreif. Ich kann Sie nicht therapieren." Ich erhielt eine Einweisung in eine Hautklinik. Einige Tage später fuhr mein Mann mich zur stationären Aufnahme.

Mein Klinikaufenthalt

Mein Aufenthalt in der modernen Hautklinik dauerte insgesamt zehn Tage. Anschließend wurde ich an das dortige Krankenhaus für weitere allgemeine internistische Untersuchungen überwiesen.

Nach den Aufnahmeformalitäten wurden Fotoaufnahmen vom ganzen Körper gemacht. Die gleichen Aufnahmen sollten bei meiner Entlassung erneut gemacht werden, um aus dem Vergleich der Bilder auf die Wirkung der Therapien rückschließen zu können. Als ich in das mir zugewiesene Zimmer eintrat, hatte ich den Eindruck, in einem 3-Sterne-Hotelzimmer zu sein mit einem großen, bodentiefen Fenster und qualitativ hochwertigem Mobiliar. Es war nicht alles so typisch weiß wie sonst in Krankenhäusern oder Kliniken. „So könnte es doch in allen Krankenhäusern sein", ging es mir durch den Kopf.

Schließlich fand das Erstgespräch mit der Fachärztin statt, die mich für die Dauer des Aufenthalts betreuen sollte. Nach der gründlichen Untersuchung sagte sie, dass sie, so leid es ihr auch tue, bei mir aufgrund des akuten Falls die Anwendung intravenös mit Antihistaminika und sonstigen üblichen Wirkstoffen beginnen müsse. Das gehöre eigentlich nicht zu den üblichen Therapieformen, sei aber in meinem Fall unabdingbar. Weiterhin seien Lichttherapie, Kaltumschläge, Gesichts-Lymphdrainage sowie diverse Salben für die äußerliche Anwendung im Behandlungsplan vorgesehen. Ich war nicht imstande abzuwägen, ob das gut oder schlecht für mich wäre. In der Hoffnung, dass es mir endlich besser gehen würde, ließ ich mich auf alles ein.

Auch sollte ich am Tag der Aufnahme noch zur Ernährungsberatungsstelle gehen. Entgegen meiner Hoffnung, endlich eine ausführliche Beratung zu erhalten, wurde ich nur befragt, welche bekannten Allergien ich habe, damit man dies bei der Essensausgabe entsprechend berücksichtigen könne.

Der Speiseraum der Klinik ähnelte einem großen Restaurant, mit mehreren Menü-Angeboten. Ein bisschen fühlte sich das wie Urlaub an mit dem Unterschied, dass die Krankenkasse die Kosten übernahm.

Beim Mittagessen kam ich mit anderen Patienten ins Gespräch. Ich war neugierig zu erfahren, seit wann sie sich in der Klinik aufhielten und wie die Heilerfolge waren. Die meisten berichteten von Teilerfolgen. Viele erzählten auch, dass dies nicht ihr erster Aufenthalt in der Klinik sei. Sie seien in der Vergangenheit erfolgreich therapiert worden, mussten jedoch nach einigen Monaten, weil die Krankheit erneut ausbrach, wiederkommen. „Also auch hier keine hohen Heilungschancen", dachte ich mir.

Die Antihistaminika und andere Wirkstoffe, die ich zu Beginn in hoher Dosis erhielt, schlugen bei mir auch am dritten Tag nicht an, woraufhin die Ärztin die weitere Anwendung mit diesen Wirkstoffen strich. Auch die Lichttherapie wurde nach acht Tagen ohne jede Besserung wieder eingestellt. Als ob meine Haut nicht genug durch den Juckreiz geschädigt worden wäre, wurde sie durch die Lichttherapie zunehmend schrumpeliger und ähnelte der einer 80-jährigen Oma. Die Juckreizattacken dauerten nonstop an.
Auch die äußeren Anwendungen mit diversen Salben brachten nichts. Nur bei Gesichts-Lymphdrainage sowie Kaltumschlägen, bei denen der ganze Körper in nasse Tücher eingewickelt wird, hatte ich den Eindruck, sie könnten über einen längeren Zeitraum hinweg Linderung

bringen. Leider wurden diese beiden Therapieformen nur wenig angewandt.

Außerdem verfügte die Klinik über ein Solebad, in das man außerhalb der festen Anwendungszeiten gehen durfte. Nachdem ich einige Male drin gewesen war, ekelte ich mich wieder hineinzugehen, als ich sah, wie ein Patient seine stark entzündete und krustig gewordene Haut im Wasser abkratzte und abschrubbte.

Mein Zustand in der Klinik wurde nicht besser, sondern eher schlechter. Ich schleppte mich von einer Anwendung zur anderen und von Mal zu Mal schwand meine Hoffnung auf Besserung. Als ich nach einigen Tagen der Anwendungen bei der Ärztin antrat, war sie fassungslos. „Oh mein Gott, Ihr Zustand ist ja kein bisschen besser geworden", sagte sie. Sie griff zum Telefon und teilte meinen Zustand ihrem Kollegen mit. Ich kann mich noch erinnern, wie sie sinngemäß am Telefon sprach: „Es hat bei ihr nichts geholfen, sie hat fast keine Haut mehr." Es war ein völlig verzweifelter Moment, einer verzweifelten Ärztin zuzuhören.

Nach dem siebten oder achten Tag bemerkte ich an der Innenseite meines linken Oberschenkels eine Schwellung, etwa in der Größe eines Hühnereis. Als ich die betroffene Stelle meiner Ärztin zeigte, geriet sie in Panik. Sie schaute es sich an und meinte, dies müsse schnellstens herausoperiert werden. Vor meiner Zustimmung zur Operation wollte ich Genaueres zu der Schwellung wissen. Daraufhin holte sie ihren Vorgesetzten zur Unterstützung, um bei ihrer Diagnose sicher zu sein. Er schaute sich die Anschwellung an und hielt eine Operation für unnötig. Das sei ein stark angeschwollener Lymphknoten, der sich in den nächsten Tagen wieder beruhigen würde. Das heißt, mein Immunsystem lief auf Hochtouren. Bis auf einige äußere Anwendungen wurden alle anderen Therapien abgesetzt.

Einige Tage später rief mich die Ärztin zu sich. Es sollte wohl ein Abschlussgespräch sein. „Es tut mir so leid für Sie. Ich konnte Ihnen nicht helfen. Keine der Anwendungen hat bei Ihnen angeschlagen. Morgen wird man bei Ihnen noch eine Ultraschalluntersuchung durchführen und dann müssen wir Sie entlassen", sagte sie mir sinngemäß. Ich geriet in einen Zustand der inneren Lähmung. Angst hatte ich nicht. Ich war einfach leer. Mir fiel nichts anderes mehr ein, als mich bei ihr zu bedanken und zu gehen.

Bei der Ultraschalluntersuchung am Tag darauf wurde im rechten Halsbereich ein kalter Knoten mit 4,5 cm Durchmesser festgestellt. Der untersuchende Arzt riet mir, diesen Knoten schnellstens operativ entfernen zu lassen, „am besten noch am folgenden Tag, wenn Sie zustimmen", sagte er. Ich fragte ihn, ob dieser Knoten etwas mit der Rebellion meiner Haut zu tun habe. Man könne es vermuten, aber nicht mit Sicherheit sagen, war seine Antwort. Für mich war das vollkommen unlogisch. Ohne etwas Näheres zu wissen, sollte schnell eine Operation durchgeführt werden. Einen Eingriff so auf die Schnelle lehnte ich definitiv ab und sagte, dass ich mich in meinem Heimatort diesbezüglich näher untersuchen lassen und meine Entscheidung darüber später treffen würde.

Als am Tag der Entlassung die Abschlussfotos von meiner Haut gemacht wurden, fühlte ich mich noch elender als am Tag meiner Einlieferung. Für weitere internistische Untersuchungen wurde ich in das dortige Krankenhaus gefahren. Magenspiegelung, Darmspiegelung, nochmalige Untersuchungen des Blutes, des Urins, der Stuhlprobe und des am Hals entdeckten Knotens füllten meinen dreitägigen Aufenthalt im Krankenhaus. Bis auf den Knoten an der Schilddrüse, der ja bereits entdeckt war, konnten keine Auffälligkeiten festgestellt werden. Ich durfte ohne geringste Besserung wieder nach Hause fahren.

Wohin jetzt?

Entsetzt und enttäuscht blickten meine Mitmenschen mich an. Vor allem meine Eltern konnten nicht fassen, dass mir nicht geholfen werden konnte. Sie konnten nicht glauben, dass ich aus der Klinik entlassen wurde, so wie man eine heiße Kartoffel fallen lässt. So kennen sie es in Deutschland nicht, äußerten sie immer wieder. „Ich glaube zwar nicht an Gott. Aber sollte es den geben, möge er meiner Tochter helfen", sagte mein Vater zu mir. Keine andere Aussage hätte seine Hoffnungslosigkeit besser zum Ausdruck bringen können.

Die Krankheit – mein Schicksal!?

Ich wusste nicht mehr, wo ich als Nächstes hingehen sollte. Mir wurde gesagt, ich solle zu der Ärztin gehen, die für mich die Einweisung geschrieben hatte. Als ich im Wartezimmer saß, kam die Arzthelferin zu mir und sagte, sie solle mich von der Ärztin aus fragen, weshalb ich gekommen sei. Erstaunt über die unerwartete Frage sagte ich ihr, dass ich vor einigen Tagen aus der Klinik bzw. aus dem Krankenhaus entlassen worden sei und nicht mehr wisse, wie es mit mir weitergehen soll. „Ja, gut", sagte sie und ging fort. In der Besprechung sagte ich der Ärztin erneut, weshalb ich gekommen bin. Sie gab mir daraufhin klar zu verstehen, dass sie nichts mehr für mich tun könne. Wenn ich wollte, könnte ich weiterhin eine Lichttherapie in ihrer Praxis erhalten, was ich aber ablehnte, weil es mir nicht geholfen hatte. Oder sie könne mich höchstens noch in irgendeine Uniklinik einweisen. Ich solle mich aber selbst darum kümmern, welches Uniklinikum am geeignetsten für mich sei. Eine Krankmeldung hielt sie nicht für nötig, da das Zuhausesitzen die Juckreizattacken auch nicht verringern würde. „Das ist halt

Ihr Schicksal. Sie müssen damit leben. Es gibt viel schlimmere Fälle als Ihr Fall", waren ihre heftigen, kühlen, nicht leicht zu vergessenden Worte. Ich war irritiert darüber, wie eine Ärztin so etwas Deprimierendes zu einer Patientin sagen konnte. Ich soll die Krankheit als mein Schicksal akzeptieren, weil sie aus medizinischer Sicht nicht heilbar ist? Aus dem Munde eines tief religiösen Menschen würde ich das verstehen, aber aus dem einer Ärztin ...? Auch wenn ich für den ersten Moment darüber verblüfft war und ihre Aussage mich herunterzog, weigerte ich mich innerlich, diesen Worten Glauben zu schenken. „Nein, es ist nicht mein Schicksal und ich glaube nicht an Schicksal. Ich weiß, dass ich gesund werden kann", war meine feste innere Antwort darauf.

Ohne Besserung wieder zur Arbeit

Ich sollte nach Meinung der Ärztin wieder die Arbeit aufnehmen. Konnte ich in diesem Zustand überhaupt effektiv arbeiten!? Ich war völlig durcheinander, weil ich nicht mehr wusste, wie ich nun vorgehen sollte. Es gab noch die Option, zu einem anderen Arzt zu gehen, um mich weiterhin krankschreiben zu lassen. Schließlich ging ich doch zur Arbeit, um mit meinem Arbeitgeber über meinen Zustand zu sprechen. Mein Vorschlag war, zunächst bis auf absehbare Zeit nur die nötigste Arbeit im Rahmen meiner Möglichkeiten auszuführen und früher nach Hause gehen zu dürfen, wenn mein Gesundheitszustand dies erforderte. Mit vollem Verständnis hat er meinen Vorschlag akzeptiert, wofür ich ihm sehr dankbar war und bin.

Einweisung ins Fach-Krankenhaus wird abgelehnt

Ich recherchierte weiter, welche Institution mir noch Heilungschancen bieten könnte. Sollte ich als Nächstes in eine Uniklinik gehen, wie die

Ärztin es als letzte Option genannt hatte? Ich konnte mir aber irgendwie nicht vorstellen, dass in Unikliniken andere Therapien angewandt werden als die, die ich bei meinem letzten Klinik- bzw. Krankenhausaufenthalt erhalten hatte. Außerdem wollte ich auch kein Versuchskaninchen sein. Aber auf Drängen meiner Familie wollte ich es doch genauer wissen. Mein Arbeitgeber vermittelte mir den Kontakt zu einer Fachärztin in seinem Familienkreis. Ich wollte von ihr wissen, welche Maßnahmen eingeleitet würden, wenn ich jetzt in eine Uniklinik eingewiesen würde. Dankenswerterweise brachte die Fachärztin für mich in Erfahrung, dass die Therapien sich nicht wesentlich von denen unterscheiden würden, die ich bisher erhalten hatte. Das war für mich Bestätigung genug, um keine weiteren Recherchen hinsichtlich einer Uniklinik zu betreiben.

Ein weiterer Tipp, den ich von einem Kollegen erhielt, war ein Fachkrankenhaus für Dermatologie, ein Akut-Krankenhaus für Hautkrankheiten, das nach eigenen Angaben ein ganzheitliches Behandlungskonzept hat und Ursachenbekämpfung betreibt, anstatt wie üblich Symptombehandlung. Das hörte sich wirklich gut an. Ich rief die Ärztin an und bat um einen Überweisungsschein für dieses Krankenhaus. Mit einem arroganten und leicht aggressiven Ton sagte sie mir, dass sie das auf keinen Fall machen werde. Sie kenne dieses Krankenhaus. Zuletzt sei ein Patient von ihr dort fast verhungert entlassen worden. Ich war total baff und sprachlos! Wie konnte so eine Person Ärztin sein? Sie muss wirklich ihren Beruf verfehlt haben. Abgesehen davon, dass sie null Einfühlungsvermögen hatte, versperrte sie auch die möglichen Heilungswege, die ein Patient gehen wollte. Gemischte Gefühle von Aufregung, Wut und Zweifel überwältigten mich. So oft ich auch aufgeregt „Das gibt es doch nicht!" murmelte – es war Realität.

Als wäre das nicht genug gewesen, kam es am gleichen Tag zu einem Telefonat mit der Ärztin, die mich in der Klinik betreut hatte. Sie bat mich, meinen Krankheitsverlauf erneut zu erzählen, damit sie es in ihr EDV-System eingeben konnte. Angeblich seien alle Informationen von der Anamnese am Aufnahmetag nicht registriert worden oder verloren gegangen. Also begann ich noch kopfschüttelnd den Verlauf meiner Beschwerden erneut am Telefon zu erzählen bzw. beantwortete ihre Fragen wie am Tag der Aufnahme vor mehreren Wochen.

All diese Geschehnisse frustrierten mich sehr stark. Nun, ich hätte zu einem anderen Arzt gehen können, der mir die Überweisung in das Fachkrankenhaus geschrieben hätte. Aber ich wollte es nicht mehr. Ich war es einfach leid.

Ein letzter Versuch – TCM-Klinik

Obwohl ich mich schon gegen einen weiteren Klinikaufenthalt entschieden hatte, führten mich meine weiteren Recherchen zur Traditionellen Chinesischen Medizin, kurz TCM. Ich las einiges darüber im Internet. Es waren ganzheitliche Ansätze und die Heilungschancen schienen auch nicht gering zu sein. Ich fand heraus, dass es fünf TCM-Kliniken in Deutschland gibt. „Ein letzter Versuch ist es wert", sagte ich und fragte bei der nächstgelegenen TCM-Klinik in Bad Kötzting an, ob mein Krankheitsbild behandelbar ist. Als ich die positive Antwort von der Klinik erhielt, stellte ich bei der Krankenkasse einen Antrag zwecks Genehmigung bzw. Kostenübernahme eines stationären Aufenthalts. All der geschilderte Verlauf meiner Leidensgeschichte mit den Bildern hat nicht für eine Genehmigung gereicht. Ich erhielt einen ablehnenden Bescheid mit der Begründung, dass der Aufenthalt in einer TCM-Klinik mir keinen Erfolg bringen würde, weil meine Krankheit psychische Ursachen hätte. Ich solle mich deshalb von einem Psychologen oder Psychiater behandeln lassen. Es hörte sich wie ein Scherz an, als wüssten sie um die langen Wartezeiten überhaupt nicht. Dennoch wollte ich auch das nicht unversucht lassen und war deshalb um einen Termin bemüht. Nachdem ich aber wochenlang nicht mal telefonisch einen Psychologen erreichen konnte, habe ich es einfach sein lassen.

Entscheidung, die Gesundheit selbst in die Hand zu nehmen

„Nichts hat bisher geholfen, und was nun?", war mein Gedanke. Ich war ratlos und verzweifelt. Vielleicht würden Heilbäder mir guttun, fiel mir noch ein und ich ging deshalb zu einem weiteren Arzt. Schließlich würden nicht alle Ärzte ihren Beruf verfehlt haben, dachte ich. Ich fühlte mich von dem Mann gut beraten. Er empfahl mir, die Kurbäder in Tschechien zu besuchen, anstatt einen konventionellen Kurantrag zu stellen. Denn der Eigenanteil für eine bei der Krankenkasse beantragte Kur würde ähnlich hoch ausfallen wie die gesamten Kurkosten für ein Kurbad in Tschechien, für die man zu 100 Prozent selbst aufkommt. Bei Letzterer würde zumindest das langwierige Prozedere von der Antragstellung bis zur Genehmigung entfallen.

Weiterhin schlug er mir vor, einen Rentenantrag auf volle Erwerbsminderung zu stellen, und gab mir die Kontaktdaten eines Beamten, um mich ausführlich darüber zu informieren. „Sollte ich so einen Rentenantrag stellen?", dachte ich. Irgendwie fühlte sich das sehr stark danach an, als würde ich meine Krankheit als mein Schicksal akzeptieren. Meine innere Stimme machte sich ablehnend bemerkbar. Nach einigem Hin- und Herüberlegen war mir ziemlich klar, dieser Empfehlung nicht zu folgen. „Lieber bin ich gesund und arbeite, als dass ich krank bin und Rente erhalte", war meine Devise. Ich beschloss, ab sofort keinen weiteren Arzt aufzusuchen und auch keinen Klinik-, Kur- oder Krankenhausaufenthalt mehr anzustreben. **Ich entschied mich, meine Gesundheit selbst in die Hand zu nehmen, so ganz im Sinne des Zitats von Bertolt Brecht**:

„Jeder möge sein eigener Geschichtsschreiber sein,
dann wird er sorgfältiger und anspruchsvoller leben."

Mitfühlende Menschen geben Impulse

Ich ging in eine naturheilkundlich orientierte Vorort-Apotheke, um mir wieder irgendeine Salbe oder ein Öl für die Pflege meiner entzündeten Haut zu kaufen. Mein stark schuppiges, eitriges Gesicht muss der Mitarbeiterin, die mich bedient hat, aufgefallen sein, woraufhin sie mich ansprach. Sie empfahl mir, zu dem Heilpraktiker Peter Hofmann zu gehen, der ähnliche Krankheiten mit Erfolg behandelt haben soll. Sofort rief ich dort an und erhielt einen Termin, allerdings erst drei Monate später. Meine Erklärung, dass mein Fall sehr akut sei und ob ich deshalb nicht einen früheren Termin haben könne, fruchtete leider nicht. Ich wurde um Verständnis gebeten, da alle anderen ebenfalls so eine lange Wartezeit hinnehmen müssten. Es blieb mir nichts anderes übrig, als auch das so hinzunehmen. Dankenswerterweise bekam ich jedoch Hinweise, womit ich schon beginnen könnte. Und zwar sollte ich möglichst auf Zucker, inklusive Fruchtzucker verzichten und möglichst wenig kohlenhydrathaltige Nahrung verzehren.

Einige Tage später war ich in der Michaelis Apotheke und hatte die Gelegenheit, mit der Inhaberin Evelin Hofmann zu sprechen. Ich schilderte ihr meinen Krankheitsfall, woraufhin sie mir empfahl, einen Stuhltest machen zu lassen. „In den letzten Wochen, als ich in der Klinik und im Krankenhaus war, sind doch etliche Stuhltests, Urintests, Bluttests gemacht worden, deren Ergebnisse, bis auf die Entzündungswerte im Blutbild, unauffällig waren", sagte ich. Sie machte mir klar, dass es sich hierbei um einen anderen Test handelt, der mit der Untersuchung in Kliniken bzw. Krankenhäusern nicht vergleichbar sei.

Aus dem Ergebnis könne man Rückschlüsse auf den Zustand der Darmflora ziehen und sie mit entsprechenden Mitteln wieder aufbauen.

Und so war es auch. Der Test ergab, dass in meinem Darm nur sehr wenige Milchsäurebakterien lebten. Diese nützlichen Bakterien, die sich in vielerlei Hinsicht positiv auf den menschlichen Organismus auswirken, stärken vor allem die Barrierefunktion unserer Darmschleimhaut und verhindern so das Eindringen von Schadstoffen und Krankheitserregern in unseren Körper. Wenn diese Schutzfunktion durch z. B. ungesunde Ess- und Trinkgewohnheiten, Medikamente, Alkohol etc. über einen längeren Zeitraum beeinträchtigt wird, können gefährliche Stoffe ungehindert das „Tor" passieren und so diverse Erkrankungen verursachen. Das hörte sich für mich total logisch an. „Das ist womöglich die Erklärung für mein Hautleiden", ging es mir durch den Kopf. Zum Aufbau der Darmflora empfahl mir die Apothekerin die mikrobiologische Therapie mit den Medikamenten Symbioflor, Symbiolact und Basentabs. Darmsanierung war also angesagt, womit ich unmittelbar begann.

Auf Empfehlung von Frau Hofmann ließ ich auch noch eine Haar-Mineralstoff-Analyse durchführen. Die Werte der Mineralstoffe, Spurenelemente und toxischen Elemente deuteten auf eine starke Übersäuerung meines Körpers hin. Bezüglich des hohen Aluminiumgehalts fragte sie, ob ich zu viel Deo oder Aluminiumgeschirr zum Kochen benutzen würde. Weder das eine noch das andere traf zu. Könnten Umweltgifte eine plausible Erklärung dafür sein?! Ich weiß es nicht. Was auch immer die Ursache war, es war angesagt, die Gifte aus meinem Körper auszuleiten und die fehlenden Mineralien und Spurenelemente wieder zuzuführen. Dazu fertigte sie ein für meine Bedürfnisse angepasstes Mineralstoffgemisch an, das ich ebenfalls täglich einzunehmen begann.

Als im Rahmen des Auswertungsgesprächs von Toxinen die Rede war, erinnerte ich mich an den inneren Dialog, als ich mir vor einem halben Jahr selbst gesagt hatte, dass es sich bei meinem Juckreiz um Gifte handelt, die mein Körper auszuscheiden versucht. **Ist das vielleicht die Intuition, die viel wissender und weiser ist als unser kühler Verstand?**

2.4.   Ich entdecke den Schlüssel für meine Gesundheit

Meine Kolleginnen und Kollegen kamen mir mit sehr viel Mitgefühl entgegen. Vor allem die liebe Marlen, die an Glutenunverträglichkeit litt, kam mit vielen Ernährungsratschlägen. Sie hatte sich gezwungenermaßen in den letzten Jahren damit beschäftigen müssen. Entsprechend ließ sie mich an ihren Erkenntnissen teilhaben und versorgte mich mit vielen Büchern und sonstigem Informationsmaterial. Sie gab mir laufend Bücher, die ich trotz meines miserablen Zustandes „verschlungen" habe.

Einmal kam sie mit einem Blatt Papier in der Hand zu mir und sagte, sie hätte im Internet was Interessantes für mich gefunden. Es war ein Ausdruck von der Internetseite www.nie-mehr-neurodermitis.de [1]. Zu Hause rief ich die Seite auf und las die Inhalte aufmerksam durch. Es handelte sich bei Christine um eine junge Frau, die ebenfalls an Neurodermitis erkrankt war und ähnliche Stationen durchlaufen hatte wie ich – und letzten Endes komplette Heilung erfahren hatte. Ich konnte mich mit ihrer Krankheitsgeschichte voll identifizieren und fühlte im tiefsten Inneren, dass der Weg, den sie gegangen war, auch mein Hei-

---

[1] Diese Website existiert nicht mehr. Die Heilungsgeschichte von Christine ist aktuell nur in sehr kurzer Fassung unter dem Link https://schleitaucher.de/panap/christine.htm zu lesen.

lungsweg ist. Welche Gefühle in mir hochkamen, als ich die Krankheitsgeschichte von Christine las, kann ich gar nicht in Worte fassen. Ein überwältigendes Gefühl von starker Freude und Kraft durchdrang mich, und ich spürte die tiefe Gewissheit, dass ich wieder gesund werden kann. Oder mit anderen Worten: Es fühlte sich so an, als wenn ich endlich den lang gesuchten Schlüssel für das Tor zu meiner Gesundheit gefunden hätte. Genau dieser Zeitpunkt war der Wendepunkt meines Krankheitsverlaufs in Richtung Heilung. Dieser Schlüssel hieß Ernährungsumstellung, weitestgehender Verzicht auf Zucker, auf tierisches Eiweiß und Getreideprodukte, vor allem Weizen. Das deckte sich mit den Aussagen der Apothekerin bzw. mit ihrer Bewertung der zuletzt durchgeführten Testergebnisse sowie den Inhalten der Bücher und der Internetseiten, die ich über Ernährung gelesen hatte.

Ernährungsumstellung

Das Schöne an der krassen Umstellung war, dass ich meine Ernährung bereits seit einem Jahr auf vegetarisch umgestellt hatte. Allerdings war das Hauptmotiv für mich damals gewesen, nicht am Leid der Tiere teilhaben zu wollen. Die gesundheitlichen Aspekte standen gar nicht so im Raum. Das, was ich über gesunde Ernährung bis zu der Zeit wusste, ging nicht über das populäre, gängige Wissen hinaus. Das sollte sich aber von nun an ändern.

Mittlerweile waren drei Monate um, seitdem ich tierische Nahrungsmittel, Zucker und Getreideprodukte vollkommen aus meiner Essensliste gestrichen hatte. Obwohl der Juckreiz immer noch präsent war, bemerkte ich doch, wie er tendenziell, wenn auch in geringem Maße, immer weniger wurde. An meinem Hautbild konnte man die Wirkung der Ernährungsumstellung und Darmsanierung immer deutlicher sehen. Es wurde von Monat zu Monat besser.

Endlich kam auch der Termin bei Heilpraktiker Peter Hofmann zustande. Da es mir schon sichtbar besser ging als vor einigen Monaten, zeigte ich ihm Fotos von der Hochphase meines Krankheitsverlaufs. Als er die sah, entschuldigte er sich mehrmals bei mir dafür, dass ich keinen früheren Termin erhalten hatte. Er habe nicht geahnt, dass es mir so schlimm erging, wie es auf den Bildern zu sehen war.

Dunkelfeld-Blutdiagnostik – Darmsanierung, Lebersanierung, Nierensanierung

Er nahm einen Tropfen Blut aus der Fingerbeere meines linken Zeigefingers und stellte ihn unter ein Mikroskop, das an einem Bildschirm angeschlossen war. Diese Art der Diagnose nennt sich Dunkelfeld-Blutdiagnostik. Mit großem Erstaunen und Faszination erblickte ich das Bild auf dem Bildschirm, wo Tausende von roten Blutkörperchen, weißen Blutkörperchen, Blutplättchen etc. zu sehen waren. „Wow, was für ein Leben doch in dem winzig kleinen Tröpfchen Körperflüssigkeit enthalten ist", ging es mir durch den Kopf. Gleichzeitig erinnerte ich mich an die außergewöhnliche Frage, die ich mir als Jugendliche immer wieder mal gestellt hatte: „Wenn wir aus Milliarden von Zellen bestehen, dann sind wir vielleicht Zellen in einem größeren Wesen usw.?" **Damit möchte ich die Faszination für die vielen Dinge in uns und um uns zum Ausdruck bringen, die für den Verstand nur schwer oder gar nicht zugänglich sind. Ich genieße solche Augenblicke, weil sie mich an die Grenzen meiner gegenwärtigen Bewusstheit bringen, und ich spüre, welche für unsere Sinne verborgenen Welten noch auf uns warten.**

Anhand der Beschaffenheit meines Blutbildes diagnostizierte der Heilpraktiker bei mir eine starke Candida-Belastung (Hefepilze). Er zeigte, dass die roten Blutkörperchen bei mir stark überlappt waren und deshalb ein klumpiges Aussehen hatten. Auch wiesen sie eine unregelmäßige, asymmetrische Struktur auf, was auf eine Leberschwäche hinweisen soll. Die Harnsäurekristalle im Blut würden auf schwache Nierenfunktion hindeuten. Alles in allem diagnostizierte er eine starke Übersäuerung meines Körpers. Welche Faktoren diesen Umstand auch immer begünstigt hatten, die Lösung lautete: Aufbau bzw. Sanierung der Entgiftungsorgane von Darm, Leber und Niere mit entsprechenden homöopathischen Mitteln. Zuzüglich Fortführung der veganen, zuckerfreien und getreidefreien Ernährung. Und ganz wichtig: Trinken von mindestens zwei Litern reinem Wasser, am besten gutem, weichem Quellwasser.

Ich zog die Ernährungsumstellung und die Sanierung der Entgiftungsorgane konsequent ein Jahr lang durch. Der zeitliche Abstand zwischen den Juckreizattacken vergrößerte sich merklich von Monat zu Monat. Vor allem aber schuppte mein Gesicht überhaupt nicht mehr. Mein zunehmend besseres Hautbild motivierte mich noch mehr, so weiterzumachen. Auch auf den Blutbildern des Dunkelfeldmikroskops, die in Abständen von sechs Wochen gemacht wurden, konnte man diese Regeneration wunderbar erkennen. Die zuvor miteinander verklebten roten Blutkörperchen nahmen eine immer gelöstere Form an. Schade, dass ich damals diese Bilder nicht festgehalten habe!

Während der strengen Diätzeit machte ich folgende bemerkenswerten körperlichen Erfahrungen: Trotz der harten Entschlackungskur verlor ich maximal sechs Kilo Gewicht, die ich zur Hälfte nach der Lockerung der Essenskur wieder zulegte. Heute esse ich von der Menge her viel weniger, wiege aber nur drei Kilo weniger als vor meiner Krankheit. Beachtlich und ungewohnt fand ich in dieser Zeit auch, dass sich beim Schwitzen kein unangenehmer Schweißgeruch wie sonst bildete.

Entgiftung, Entgiftung, Entgiftung

Es blieb aber nicht nur bei der Ernährungsumstellung und der homöopathischen Behandlung der Entgiftungsorgane. Meine Gesundung habe ich auch durch viele andere Maßnahmen, die die Entgiftung meines Körpers beschleunigten, mit unterstützt. Zum Teil waren dies in dem Buch „Gesundheit durch Entschlackung" von P. Jentschura beschriebene Praktiken, die ich übernommen hatte, weil sie für mich sehr schlüssig klangen.

- Wechselduschen (abwechselnde Dusche mit warmem und kaltem Wasser)
- Bäder mit basischem Badesalz
- Fußbäder
- Ganzkörperwickel (Einwickeln des ganzen Körpers in feuchte Baumwolltücher)
- Atemübungen (tiefe Bauchatmung mit längerem Ausatmen)
- Yoga
- Meditation

Die zeitlichen Abstände zwischen den Juckreizschüben wurden immer länger. In den Anfängen der Besserung bemerkte ich, dass ich mich tagelang nicht gekratzt hatte, was immer mit einem freudigen Gefühl verbunden war. Später erstreckten sich die juckreizfreien Zeiten über Wochen, dann über Monate. Und schließlich verschwand die Neurodermitis komplett aus meinem Leben. Von der Hochphase bis zur vollständigen Heilung dauerte mein Gesundungsprozess circa anderthalb Jahre.

Immer wenn während der Heilungsphase Juckreizschübe kamen, ritten mich Panikattacken. Die Angst, dass es wieder so schlimm werden könnte wie zuvor, war fast wie ein Trauma. Selbst heute fällt es mir nicht leicht, meine Bilder von damals anzublicken, weil ich schnell emotional in die damalige Zeit zurückfalle. Umso kraftvoller fühle ich mich aber, wenn ich mich daran erinnere, dass ich es geschafft habe, wieder vollständig gesund zu werden.

Äußere Anwendung

Ich war nie ein Fan von äußerlichen Anwendungen. Nur in seltenen Fällen benutzte ich Handcreme. Körpermilch, Gesichtscreme oder ähnliche Artikel habe ich nie gebraucht. Als aber dann meine Haut mit dem zunehmenden Juckreiz immer schlechter und entzündlicher wurde, musste ich gezwungenermaßen verschiedene Cremes und Öle für die äußere Anwendung ausprobieren. Im Einzelnen waren es: Schafmilchcreme, Mandelöl, Olivenöl, Leinöl, Schwarzkümmelöl, Teer-Linola-Fett und Kokosöl.

Besonders positive Erfahrung machte ich mit dem damals rezeptpflichtigen Teer-Linola-Fett, auf das ich durch meine Internetrecherche aufmerksam wurde. Es roch zwar sehr unangenehm, man konnte aber binnen weniger Tage sehen, wie gut es meiner Gesichtshaut tat.

Mit Kokosöl machte ich die besten Erfahrungen. Leider bin ich erst darauf gestoßen, als es mir schon langsam besser ging. Die Haut wird damit schön geschmeidig und es zieht sehr schnell ein. Ich benutze Kokosöl heute noch, sowohl für die äußere Anwendung als auch für die Stärkung von innen. Es ist meine pflanzliche Butter, die ich zum Frühstück esse, aber auch zum Kochen und Backen verwende ich es in geringen Mengen.

Von irgendwoher erhielt ich die Information, die Asche der Eichenrinde sei gut gegen Neurodermitis. Vermischt mit Wasser auf die Haut aufgetragen habe sie eine entzündungshemmende Wirkung. Als ich davon meinem lieben Vater erzählte, wurde er sofort tätig. Bereits einige Tage später brachte er mir circa ein Pfund dieser Asche, die ich als Badezusatz angewendet habe. Das hat auch spürbar zur Besserung meiner entzündlichen Haut beigetragen. Im Internet gibt es diverse alternative Eichenrindenprodukte wie Eichenrindentee und Eichenrindenextrakte, die ich aber nicht ausprobiert habe. Diese wären von der Anwendung her sicherlich einfacher zu handzuhaben gewesen als die Asche im Badewasser.

Meine Erfahrung mit der Hypnose – Lösen von Blockaden im Unterbewusstsein

Psychologie war schon immer mein Interessensgebiet. Insbesondere die Hypnose ist für mich das plausibelste Verfahren, um einen sanften Zugang vom Bewussten zum Unterbewussten und Unbewussten herzustellen. So wollte ich auch mit dieser Therapieform meine Erfahrung gemacht haben und nahm eine Hypnosesitzung bei einer Ärztin für Allgemeinmedizin und Psychotherapie wahr. Außer der Entspannung und den wohltuenden Suggestionen war das Eindrucksvollste bei der Hypnose für mich, als ich beim „Herumfantasieren" so einfach aus dem Nichts plötzlich anfing, heftig und lang anhaltend in Tränen auszubrechen. Es fühlte sich so an, als wollte etwas ganz Schweres tief aus mir herausfließen. Der Gefühlssturm war so gewaltig, dass ich ständig das Gefühl hatte, als würde etwas in meinem Hals stecken bleiben und als ob ich jeden Moment ersticken könnte. Emotionale Ausbrüche diesen Ausmaßes hatte ich in meinem ganzen Leben nicht gehabt. Die Ärztin sagte, dass das der Beginn der Lösung der inneren Blockaden sei. Ich solle darauf vertrauen, dass der Gesundungsprozess bei mir bereits in Gang gesetzt sei.

3. Was hat mich meine Krankheit gelehrt – meine Erkenntnisse

> *„Jede Krankheit hat ihren besonderen Sinn,*
> *denn jede Krankheit ist eine Reinigung,*
> *man muss nur herausbekommen, wovon.*
> *Es gibt darüber sichere Aufschlüsse;*
> *aber die Menschen ziehen es vor, über Hunderte*
> *und Tausende fremder Angelegenheiten zu lesen*
> *und zu denken, statt über ihre eigenen.*
> *Sie wollen die tiefen Hieroglyphen ihrer*
> *Krankheit nicht lesen lernen."*

Christian Morgenstern

Als jemand, die das Gelebte, Erlebte auch verstehen will, machte ich mir selbstverständlich Gedanken darüber, weshalb ich in diesem Ausmaß krank wurde, wie ich mich davon wieder befreien konnte und welche wichtigen Erkenntnisse ich für mein Leben gewonnen habe, die ich hier für teilenswert halte. Dabei erhebe ich in keiner Weise den Anspruch, mit meinen Ausführungen oder Aussagen richtigzuliegen. Selbstverständlich handelt es sich dabei um die individuelle, subjektive Auslegung meiner Erfahrungen mit dieser Krankheit und der daraus gewonnenen Erkenntnisse.

3.1. Der Säure-Basen-Haushalt – der rote Faden unserer körperlichen Gesundheit

„Keine Krankheit kann in einem basischen Milieu existieren. Nicht einmal Krebs."

Dr. Otto Warburg, Träger des Medizinnobelpreises 1931

Vor meiner verheerenden Krankheit hatte ich zwar von Säuren und Basen immer wieder mal gehört oder flüchtig gelesen, wusste aber überhaupt nicht, was das genau bedeutet. Ich hatte es, um ehrlich zu sein, gar nicht nötig gehabt, darüber mehr wissen zu müssen. Das bisschen Wissen, das ich in der Schule oder aus Zeitschriften aufgeschnappt hatte, schien mir ausreichend. Es musste erst so schlimm kommen, damit ich mich diesem wichtigen Thema widmete.

Quer durch diverse Bücher und Beiträge im Internet, die ich über Gesundheit las, zog sich der Säure-Basen-Haushalt für mich wie der rote Faden. Besonders erhellend und Augen öffnend waren für mich die Inhalte des Buches „Gesundheit durch Entschlackung" von Dr. h. c. Peter Jentschura und Josef Lohkämper sowie das Buch der russischen Ärztin Galina Schatalova „Wir fressen uns zu Tode". Als Laiin begriff ich, dass der Säure-Basen-Haushalt überhaupt den Kern unserer körperlichen Gesundheit bildet und deshalb für mich zu den wichtigsten, fundamentalsten Lehrstoffen gehört, die bereits in den Schulen ausführlich vermittelt werden sollten.

Wenn von Übersäuerung die Rede ist, wird zwischen einer akuten und einer chronischen Azidose unterschieden. Mir geht es in meiner kurzen Ausführung hier um die Letztere, also um die schleichende Übersäuerung unseres Organismus, die als die Ursache vieler chronischer Krankheiten angesehen wird. Ich verstehe im Generellen darunter den

Grad der Übersäuerung unseres Körpers, der den Grad unserer Gesundheit widerspiegelt. Die Menge an Säuren und Basen in einer Lösung wird dabei mit dem pH-Wert gemessen. Auf einer Skala von 0 bis 14 sagt der Wert aus, wie sauer oder basisch eine Lösung ist. Je höher der Wert, desto basischer ist eine Lösung und umgekehrt. Bei einem Wert von 7 ist sie neutral. Das menschliche Blut hat einen pH-Wert von 7,35 bis 7,45 und ist damit leicht basisch. **Von zentraler Bedeutung für das Grundverständnis des Säure-Basen-Haushalts ist, dass der pH-Wert unseres Blutes innerhalb dieser kleinen Bandbreite unter allen Umständen konstant bleiben muss, damit es zirkulieren kann, damit es alle unsere Zellen mit Sauerstoff und lebenswichtigen Nährstoffen versorgen und die Abfallstoffe abtransportieren kann, kurz: alle lebenswichtigen Funktionen erfüllen kann.** Selbst minimale Abweichungen können zu lebensbedrohlichen Umständen führen, bei größeren Abweichungen sterben wir. Demzufolge muss unser Organismus so arbeiten, dass – egal wie säurehaltig wir essen und trinken oder welche säurebildenden Verhaltensweisen wie Stress, Ärger etc. wir an den Tag legen – der pH-Wert unseres Blutes innerhalb dieser engen Grenzen unverändert bleibt. Ist das Ausscheiden von überschüssigen Säuren und Giften auf üblichem Wege nicht möglich, muss unser Organismus diese unter allen Umständen irgendwie unschädlich machen. Die Wege und Mechanismen, die unser Körper dabei wählt, sind so unterschiedlich und individuell wie wir selbst. Je nach Veranlagungstyp macht sich die Übersäuerung durch unterschiedliche Symptome bzw. Krankheiten bei den Betroffenen bemerkbar. Mein Körper beispielsweise neigt dazu, die Übersäuerung durch die verstärkte Ausscheidung über die Haut zu kompensieren, die ich in Form von starkem Juckreiz, Schuppenflechte und entzündlicher Haut bereits erfahren habe.

Ein weiterer Weg, wie unser Organismus die überschüssigen Säure und Gifte in den Griff bekommt, ist, sie zu neutralisieren. Für die Neutralisation benötigt er Mineralstoffe. Die holt er sich aus unserer täglich zugeführten Nahrung oder er greift, wenn hier die nötige Menge fehlt, auf die zur Verfügung stehenden Depots zu: Haare, Haut, Haarboden, Zähne, Knochen usw. Die chemische „Umwandlung" der ätzenden Säure in unschädliche Neutralsalze geschieht also bei gleichzeitigem Mineralstoffverbrauch, weshalb einer vitalstoff- und mineralstofffreichen Ernährung eine hohe Bedeutung zukommt. Abgelagert werden die neutralisierten Säuren dann im Bindegewebe, in den Sehnen, Gelenken, Bändern etc., was im Laufe der Jahre mit Krankheiten wie Arthrose, Rheuma, Nierensteinen usw. sichtbar wird.

In der folgenden Skizze habe ich vereinfacht dargestellt, wie ich die Säure-Basen-Balance unseres Körpers bei chronischer Übersäuerung sehe:

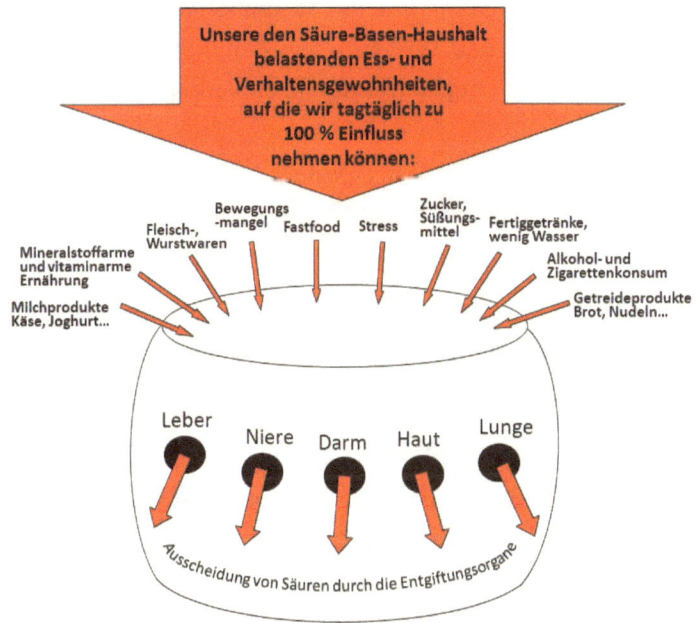

Das „Gefäß" stellt dabei bildhaft den möglichen Grad der Kompensation von übermäßig hereinlaufenden Giften und Säuren dar, womit unser Körper, je nach Veranlagungstyp und Konstitution, auf seine Art und Weise irgendwie fertig wird, ohne dass wir es in Form von Leid und Schmerz bemerken. Erst wenn die Möglichkeiten des Kompensierens ausgeschöpft sind, das „Gefäß" quasi langsam überzulaufen beginnt, treten die störenden Symptome zutage. Aufgrund des fehlenden Wissens über diese Zusammenhänge ahnen wir nicht, dass diese „Störungen" durch unsere jahrelangen destruktiven Lebensgewohnheiten verursacht wurden. Das erklärt für mich auch, warum viele Krankheiten erst mit zunehmendem Alter in Erscheinung treten. Das Schöne und Motivierende ist, dass wir es in unserer Hand haben, auf diesen „Füllprozess" in der Art und Weise, wie wir leben, was wir tagtäglich essen und trinken, wie wir mit unseren Umständen umgehen, Einfluss nehmen können – und das zu 100 %!

Ist es nicht auch interessant, wie das folgende Sprichwort aus der chinesischen Heilkunde das Wissen über den körperlichen Ausscheidungsprozess und die Entgiftungsorgane so kurz und bündig zum Ausdruck bringt?

„Was die Lunge nicht ausscheiden kann,
muss der Darm ausscheiden.
Was der Darm nicht ausscheiden kann,
das muss die Niere ausscheiden.
Was die Niere nicht ausscheiden kann,
muss die Haut ausscheiden.
Was die Haut nicht ausscheiden kann,
führt zum Tode."

Im Folgenden gehe ich auf einige wichtige, den Säure-Basen-Haushalt beeinflussende Größen ein. Sicherlich gibt es noch weitere Faktoren. Ich habe hier aber nur einige wichtige Bereiche genannt, die bei meiner Krankheit ausschlaggebend waren.

Die Ernährung – das Leben geht durch den Magen

Die Ernährung bildet den größten Einflussfaktor im Säure-Basen-Haushalt. Bis bei mir die Neurodermitis zum Ausbruch kam, war ich in dem Glauben, mich gesund zu ernähren, wenn ich nur wenig Fastfood esse und mich fett- und zuckerarm ernähre. Ich habe mich eines Besseren belehren lassen müssen.

Es wird gesagt, dass es für unseren Organismus gesund ist, wenn unsere Ernährung zu rund 80 Prozent aus basenbildenden und nur zu 20 Prozent aus säurebildenden Lebensmitteln besteht. Zu den basenbildenden Lebensmitteln zählen z. B. Obst, Gemüse, frische Kräuter, Sprossen oder Keime. Dagegen gehören beispielsweise alle Fleisch- und Wurstwaren, Milchprodukte sowie Getreideprodukte wie Roggenmehl, Weizenmehl und Zucker zur säurebildenden Ernährung. Wenn man die Liste von sauren und basischen Lebensmitteln betrachtet, kann man sehr schnell erkennen, dass der zivilisierte Mensch unserer Zeit mit seinen Essgewohnheiten auf keinen Fall das gesunde Verhältnis von 80/20 aufrechterhält.

Auch wenn ich bis zu meinem 40. Lebensjahr nicht sehr viel Fleisch konsumiert habe, so waren meine Essgewohnheiten dennoch sehr säurelastig. Neben Milchprodukten wie Käse, Joghurt und Butter habe ich vor allem übermäßig Getreideprodukte und sehr, sehr wenig Obst und Gemüse verzehrt! Also weit entfernt von dem gesunden Verhältnis von 80/20.

Das Wasser – das Elixier des Lebens

Es war nicht nur meine Ernährung, die meinen Säure-Basen-Haushalt belastete, sondern auch meine Trinkgewohnheiten. Allein die Tatsache, dass der menschliche Körper zu ca. zwei Dritteln aus Wasser besteht (bei Kindern mehr, mit zunehmendem Lebensalter immer weniger), sagt schon alles über die Wichtigkeit dieses Elements aus. Ich hörte oder las zwar immer wieder mal, dass es gesund ist, als Erwachsene täglich ca. zwei Liter Wasser zu trinken, maß aber trotzdem dieser Information keine große Bedeutung zu. Ich war vielmehr der Auffassung, dass mein Körper mir mit dem Durstgefühl schon die richtigen Signale geben würde.

Auch diesbezüglich musste ich dazulernen. Was ich nie bedacht hatte, war, dass bei einem unnatürlichen Lebensstil, wo man lange sitzen muss und kaum Bewegung hat etc., die normale Durstreaktion unseres Körpers „natürlicherweise" ausbleibt. Dabei sorgt das Wasser, neben vielen anderen wichtigen Stoffwechselfunktionen, auch für die Ausleitung bzw. den Abtransport von Schlacken und Schadstoffen aus dem Körper. Diese wichtige Funktion konnte in all meinen Lebensjahren durch die geringe Trinkmenge nur in beschränktem Umfang ausgeführt werden. Denn ich trank bis zum Ausbruch meiner Krankheit durchschnittlich nicht mal einen halben Liter am Tag. Immer weniger Giftstoffe konnten dementsprechend ausgeschieden werden. Die Auswirkungen der schlechten Trinkgewohnheit und somit die Wichtigkeit dieses Elementes für die Gesundheit bekam ich am eigenen Leibe schmerzhaft zu spüren, sodass ich seitdem konsequent täglich ca. 1,5 bis 2 Liter Wasser trinke. Zu Beginn meiner Gesundungsphase waren es täglich 2 bis 2,5 Liter.

Ganz wichtig dabei ist natürlich die Qualität des Wassers, weshalb ich damals nach einer nahegelegenen Wasserquelle Ausschau hielt. Bei einem Betriebsausflug in die Region Wurzbach in Thüringen machte der Förster des dortigen Reviers auf einen am Rande der Forststraße liegenden Wasserbrunnen aufmerksam. Er sagte, es gäbe Menschen in näherer Umgebung, die das Wasser aus diesem Brunnen trinken würden. Auf meine Bitte hin brachte er mir einige Tage später zum Probieren zwei 5-Liter-Kanister Wasser. Genau so etwas hatte ich gesucht: Wasser, das vollkommen neutral schmeckt. Seitdem besorge ich unser Trinkwasser überwiegend aus diesem Brunnen. In der Zeit, als ich noch arbeitete, besorgte Marlen, meine damalige Kollegin, die aus der Gegend stammt, über die ganzen Jahre hinweg unser Trinkwasser. Ich kann ihr nicht genug dafür danken.

Stress, negative Emotionen, negative Gedanken

Es ist unumstritten, dass negative Emotionen und Gedanken sich auf unser organisches Befinden negativ auswirken. Ich konnte dieses Wechselspiel zwischen Psyche und Körper im Zuge meiner Krankheit mehrmals selbst beobachten bzw. in Erfahrung bringen. Ich bemerkte, wie der Juckreiz immer intensiver wurde, wenn ich auf der Arbeit oder zu Hause gestresster war als sonst. Was lief da in meinem Körper ab, das sich in solchen Fällen mit zunehmendem und intensiverem Juckreiz zeigte? Ich deutete es für mich schließlich so, dass meine Entgiftungsorgane irgendwie in ihrer Funktion beeinträchtigt wurden, sobald ich in negativen Emotionen wie Stress, Sorgen, Zweifel oder Angst verfangen war; es kam dann wohl zu einem „Engpass" im Ausscheidungsprozess meines Organismus. Mein Körper musste sozusagen wieder verstärkt über den Kanal Haut die Schadstoffe ausscheiden, was zu dem verstärkten Juckreiz führte.

Meditation

Ein wunderbares Mittel gegen die allgemeine Negativität und Stress sind tägliche, bewusste Ruhezeiten, ganz gleich, ob es sich um eine 10-minütige Meditation, einen halbstündigen Spaziergang in der Natur oder ähnliche Aktivitäten handelt. **Wichtig ist, dass man ganz bei sich, in sich und mit sich ist. Ich sehe sie als die kleinen Pausen im Alltag an, mit großer positiver Wirkung auf die Psyche.**

Meine favorisierte „Auszeit" war und ist die Meditation, die ich in der Regel morgens für eine halbe Stunde praktiziere. Auch während ich krank war, führte ich meine Meditationspraxis fort. Meinem inneren Drang folgend meditierte ich sogar mehr als vor meiner Krankheit, so ganz im Sinne des Zen-Sprichworts:

„Am Tag solltest du 20 Minuten lang meditieren,
außer du hast keine Zeit dafür.
Dann solltest du für eine Stunde meditieren."

Erstaunlich fand ich, dass ich während der Meditation keinen Drang zum Kratzen verspürte, auch nicht in der Hochphase meiner Krankheit, als ich fast ununterbrochen mit dem Juckreiz beschäftigt war.

Zyklus bei Frauen – die natürliche Entgiftung

Die monatliche Regelblutung der Frau, die ebenfalls als ein natürlicher Weg der Entgiftung gesehen wird, war bei mir über mehrere Jahre durch den Einsatz der Hormonspirale außer Kraft gesetzt. Die jahre-lange Blockierung der Menstruation war vermutlich auch eine der Ursachen für den Rückstau der Gifte in meinem Körper. Auf Anraten der Ärztin, bei der ich die Hypnotherapie erhielt, ließ ich die Hormonspirale, entgegen der Meinung meines Frauenarztes, sofort entfernen. Zeitlich fiel das in die Hochphase meiner Krankheit. Unmittelbar nach der Entfernung setzte eine starke, sechswöchige Blutung ein. Zum ersten Mal in meinem Leben schaute ich auf die Periode der Frau nicht als etwas Lästiges herab. Im Gegenteil, ich war mit Freude erfüllt, weil ich darin den heilenden Effekt sah. Es kommt also immer darauf an, aus welcher Perspektive man auf eine Sache schaut, so ganz im Sinne des Spruchs:

„Manchmal muss man die Perspektive wechseln,
um den Himmel zu sehen."

Im Großen und Ganzen hat das Verständnis vom Säure-Basen-Haushalt mein Leben dahingehend bereichert, dass ich nun die Stellschrauben meiner Gesundheit besser kenne und bei einer Schieflage weiß, woran ich zu drehen habe. Es ist für mich so eine Art Grundmodell, womit sich für mich viele chronische Krankheiten erklären lassen. Es liegt also an uns, an unserer Willenskraft, jederzeit im Rahmen unserer Möglichkeiten aktiv an unserer Gesundheit mitzuwirken.

Fragen zum Nachdenken

Wenn mir jemand die Frage stellen würde, wodurch ich letztlich Gesundung erfahren habe, so kann ich mit Sicherheit sagen, dass die Entgiftungstherapien bei meiner Heilung eine zentrale Rolle gespielt haben. Es war die Heilungsgeschichte der Christine im Internet, die mit Entgiftung einherging; es war die Mitarbeiterin in der Apotheke, die mir empfohlen hatte, zum Heilpraktiker zu gehen, der Entgiftungstherapien durchführt; es war die Apothekerin, die mir empfohlen hatte, diverse Tests zur Analyse meiner Darmflora und meines Mineralstoffhaushalts durchzuführen; es waren viele Autoren mit wissenschaftlichem Background, die ihr Wissen über Ernährung etc. in Büchern oder im Internet publiziert haben. Warum wurde all das nützliche Wissen nicht auch von der Schulmedizin angewandt? Warum habe ich stattdessen hören müssen: „Es tut uns leid ..." oder „Es ist halt Ihr Schicksal ..." Warum wurde mir in der Hautklinik von der Ernährungsberatungsstelle das Wissen vom Säure-Basen-Haushalt des Körpers nicht einmal ansatzweise vermittelt? Warum wurden die aufschlussreichen Tests, die ich separat auf Empfehlung der Apothekerin machen ließ, nicht auch in der Klinik bzw. im Krankenhaus durchgeführt? Kann die Bewandtnis, dass die Schulmedizin nur wissenschaftlich fundiertes Wissen anwendet, überhaupt stimmen? Was ist dann z.B. mit der China Study, der wohl größten, wissenschaftlich fundierten Ernährungsstudie aller Zeiten? Werden hier die Zusammenhänge zwischen Ernährung und Gesundheit nicht klar genug offengelegt? Warum wird so viel nützliches, Leid ersparendes Wissen nicht auch in der Schulmedizin angewandt? Warum musste ich für all die Kosten der Therapien, die zu meiner Heilung geführt haben, selbst aufkommen? Warum werden erfolgversprechende Behandlungen wie Entgiftungstherapien nicht von den gesetzlichen Krankenkassen übernommen? Und noch eine letzte Frage: Warum heißen die Krankenkassen nicht generell Gesundheitskassen?

Diese grundlegenden Fragen kamen mir im Laufe meiner Heilungsphase immer wieder in den Sinn. Weil sie auch ein Teil meiner Krankheitsgeschichte sind, sollen sie hier ihren Platz haben.

3.2. Vegane Ernährung – es geht nicht nur um die eigene Gesundheit

„Ich versuche eigentlich mit all meinem Tun, die Verrücktheit und Schönheit des Lebens auszudrücken – und die Erde in einen besseren Ort zu verwandeln. Für mich gibt es im Leben einfach keinen größeren Sinn, als meinen Teil dazu beizutragen – für Tiere, für die Umwelt und für die Menschen"

Moby, Musiker und Künstler, veganmagazin März 2018

Zunächst vegetarisch aus ethischen Aspekten

Wie bereits an anderer Stelle erwähnt, hatte ich mich ca. ein Jahr, bevor die Hautkrankheit ausbrach, für die vegetarische Ernährung entschieden. Zwar hatte ich schon viel früher vor, aus ethischen Gründen auf Fleisch zu verzichten, war aber in meiner Entscheidung sehr labil. Vielleicht weil ich auch die Einzige in meiner Familie war, die solchen ethischen Aspekten großen Wert beimaß.

Erst ein besonderes Erlebnis im Frühjahr 2010, das mir sehr unter die Haut ging, trug zu meiner endgültigen Entscheidung bei, mich für immer fleischlos zu ernähren. Ich kann mich noch sehr gut erinnern, wie ich ins Wohnzimmer ging, um meinem Sohn etwas zu sagen. In dem Moment nahm ich das leidvolle Kreischen der Tiere im Fernsehen wahr. Ich blieb stehen und sah es mir weiter an. Es war ein Dokumentarfilm über die Massentierhaltung, der gerade im TV lief. Die Kamera war auf die Augen einer Kuh gerichtet, die in den Schlachtraum geführt wurde. Im Blick dieses Tieres sah ich nicht nur seine Ängste, sondern spürte auch die Angst und das Leid tief in mir, so als würde ich selbst in den Schlachtraum geführt. Die Szenen berührten mich auf einer tieferen Ebene in meinem ganzen Wesen und viel lebendiger als mein intellektueller Verstand, der danach grübelte, ob oder wann ich mich fleischlos ernähren sollte. Der Entschluss, kein Fleisch mehr zu essen, stand in dem Moment für mich felsenfest. Ich wollte nicht mehr an diesem Leid teilhaben, egal was für Gegenargumente von meinen Mitmenschen kommen sollten.

Noch nicht „reif" für den veganen Ernährungsstil

Vegane Ernährung kannte ich zu der Zeit noch gar nicht. Als ich damals im Internet zufällig auf ein Video stieß, in dessen Titel es um vegane Ernährung und Gesundheit ging, klickte ich es an, um zu erfahren, was „vegan" überhaupt ist. Ich hatte diesen Begriff schon einige Male gehört, wusste aber nichts damit anzufangen. Und ich bin mir sicher, dass ich nicht die Einzige war, die den Begriff noch nicht kannte, obwohl es nur zehn Jahre her ist. „Ach Gott, das bedeutet ja kompletter Verzicht auf tierische Nahrung", dachte ich, nachdem ich mir das Video einige Minuten angeschaut hatte. „Vegetarisch ja, aber komplett milchfrei …, so weit muss es nicht kommen!", waren meine ersten Gedanken und ich schaltete das Video wieder ab. Im ersten Moment kam mir in den Sinn, wie schwierig doch die milchfreie Ernährung im Alltag sein würde. Für mich überwog der ethische Aspekt, der sich damals nur auf das Schlachten der Tiere beschränkte. Den Drang, mich tiefergehend damit zu befassen, hatte ich zu dieser Zeit nicht.

Vegane Ernährung aus gesundheitlichem Grund – artgerechte Ernährung

Nun, wie bereits geschildert, wurde ich ca. ein Jahr später aufgrund meiner Krankheit mit der veganen Ernährung konfrontiert. Der gesundheitliche Aspekt, den ich einige Jahre zuvor ignoriert hatte, wurde aufgrund der aktuellen Gegebenheiten auf einmal sehr wichtig für mich. Ich verzichtete nun auch auf Milchprodukte, um meine Gesundheit wiederzuerlangen. Nachdem sich der Zustand meiner Haut aber wesentlich gebessert hatte, stellte ich mir eine Zeitlang die Frage, ob ich grundsätzlich die strenge Diät so fortführen möchte. Nach langem Überlegen hin und her entschied ich mich schließlich dazu, die tierfreie Ernährung beizubehalten.

Sicherlich hatten die Ausführungen der russischen Ärztin Galina Schatalova über **artgerechte Ernährung**, auf die sie in ihrem Buch „Wir fressen uns zu Tode" ausführlich eingeht, großen Einfluss auf meine Entscheidung. Ihre für mich sehr einleuchtenden Darlegungen, wobei sie auch ihre selbst durchgeführten Experimente beschreibt, veranlassten mich zum ersten Mal, mir über artgerechte Ernährung tiefere Gedanken zu machen. Ich bin zu der Überzeugung gelangt, dass tierische Speisen der menschlichen Anatomie nicht entsprechen und deshalb unserer Gesundheit nicht zugutekommen, insbesondere wenn sie in hohen Mengen, wie in unserer modernen Zeit, konsumiert werden.

Bei der Umsetzung des artgerechten Ernährungsstils gehe ich jedoch nicht sehr dogmatisch vor. Während ich bei Fleisch und Fisch keine Ausnahmen mache, greife ich hin und wieder in geringen Mengen bei feierlichen Anlässen zu milchhaltigen Speisen. Auch schaue ich nicht strikt darauf, ob z. B. in dem kleinen Stück Kuchen Butter, Milch oder Ei enthalten ist. Mir geht es in erster Linie darum, die Verzehrmenge möglichst gering zu halten, ohne dabei die Flexibilität im Alltag zu verlieren. Denn im Gegensatz zu mir halten alle anderen Mitglieder meiner Familie noch an ihrer gewohnten Ernährungsweise fest.

RÜCKBLICKEND ...

... weiß ich, dass mir all das Leid mit Neurodermitis, zumindest in diesem Ausmaß, erspart geblieben wäre, hätte ich mich früher auf den Weg der wahrhaft gesunden Ernährung begeben. Das tat ich aber nicht, weil die **NOT-WENDIG**-keit dafür nicht gegeben war. Aus der Not kommt die Wende. Bei mir fehlte damals offensichtlich die Not, damit in meinem Essverhalten eine Wende eintreten konnte. Wie heißt es so treffend bei Konfuzius:

„Der Mensch hat dreierlei Wege, klug zu handeln;
erstens durch Nachdenken, das ist der edelste,
zweitens durch Nachahmen, das ist der leichteste,
und drittens durch Erfahrung, das ist der bitterste."

Demnach bin ich, wie viele andere Menschen auch, den bittersten Weg der Erfahrung gegangen. Aber vielleicht ist dieser Weg auch der prägendste!

Vegane Ernährung, um ein Teil der gewünschten Veränderung in dieser Welt zu sein

Im Laufe der Zeit wurden mir noch weitere Aspekte bewusst, die für eine artgerechte Ernährung sprechen und meine Entscheidung gefestigt haben. Es sind die Themen Umwelt und Welthunger, die für mich mindestens genauso wichtig sind wie die eigene Gesundheit und Ethik. Als ich das erste Mal las, welche hohen Mengen an Wasser sowie Getreide und Soja für die Fleischproduktion zum Einsatz kommen, erkannte ich, um welche Dimensionen bezüglich Ernährung bzw. Hunger es sich bei der Wahl unserer tagtäglichen Lebensmittel dreht. Es geht also um viel Größeres, viel Umfassenderes, es geht um das große Ganze, von dem wir alle ein Teil sind. Die unnatürliche Art, wie wir Menschen leben – und dabei bildet die Ernährung den wesentlichen Faktor – wirkt sich auch „ungesund" auf unsere Umwelt aus und umgekehrt. **Das Kernproblem sehe ich darin, dass jeder Einzelne sich als ein von seiner Umwelt getrenntes Wesen wahrnimmt. Liegt nicht demzufolge die Gesundung im Einzelnen wie im Kollektiven in der Erkenntnis der Verbundenheit? In der Erkenntnis, dass alles mit allem verbunden ist, dass jeder Einzelne von uns ein Teil sEINER Umwelt ist und sich deshalb jeder Schritt unseres Tuns und Handelns auf das große Ganze und dieses wiederum auf jeden Einzelnen auswirkt!** Mit dieser Erkenntnis wurde mir auch bewusst, welche Verantwortung ich mit meiner Lebensführung gegenüber dem großen Ganzen trage. So wollte und konnte ich als Teil des Ganzen mit der Änderung, die ich mir für die Welt wünsche, bei mir anfangen. Das Ganze kann ich nicht verändern, aber mich selbst! Bei mir habe ich zu 100 Prozent die Macht dazu. Vielleicht ist das der Grund, warum ich den Spruch von Mahatma Gandhi so sehr verinnerlicht habe:

„Sei du selbst die Veränderung,
die du dir wünschst für diese Welt."

Das Gegenargument „Was kann ich schon als Einzelner bewirken?" ist einer der größten Denkfehler, der unsere gesamte Entwicklung hemmt. Das große Ganze ändert sich mit der Änderung seiner einzelnen Teile. Sprich, wenn jeder sich selbst in kleinem Maße und im Rahmen seiner Möglichkeiten in die gewünschte Richtung verändern würde, würde dies die große Veränderung im Ganzen bewirken. Es gilt also zu erkennen, was für eine Macht jedem von uns innewohnt. Der Spruch aus Afrika

„Viele kleine Leute, an vielen kleinen Orten,
die viele kleine Dinge tun,
können das Gesicht dieser Welt verändern."

bringt genau das kurz und prägnant zum Ausdruck.

3.3. Jede Heilung ist Selbstheilung

„Alle Patienten tragen ihren eigenen Arzt in sich.
Sie kommen zu uns, ohne diese Wahrheit zu
kennen. Wir sind dann am erfolgreichsten, wenn
wir dem Arzt, der in jedem Patienten steckt, die
Chance geben, in Funktion zu treten."

Albert Schweitzer

Unser Körper – ein Wunderwerk

Dass unser Körper sich selbst heilt, ist eine der wichtigsten Erkenntnisse, die ich aus der Erfahrung mit meiner Krankheit gewinnen konnte. Wie bin ich aber zu dieser Überzeugung gelangt? Mein extremer Zustand löste in mir den inneren Drang aus, verstehen zu wollen, was mit meinem Körper los war. Immer öfters machte ich mir darüber Gedanken. Dieses „Begreifenwollen" des für meine Sinne unbekannten Prozesses, der in mir ablief, weitete die Grenzen meines bisherigen Blickfeldes. Ein erwachsener menschlicher Körper besteht aus zig Billionen Zellen. Ohne dass wir es bewusst wahrnehmen, laufen so viele Prozesse nonstop in uns ab. Unsere Atmung, unser Herzschlag, unsere Verdauung, unser Immunsystem ... und alle Funktionen sind so exakt aufeinander abgestimmt mit dem höchsten Ziel, uns am Leben zu erhalten. Sobald wir z. B. eine offene Verletzung haben, wird der Wundheilungsprozess in Gang gesetzt, oder wenn wir übersäuert sind, sucht unser Körper den optimalen Weg, wie er die Dysbalance unschädlich machen kann usw. Unser Körper „kommuniziert" mit uns durch entsprechende Symptome, wenn unsere Lebensgewohnheiten nicht unserer Natur entsprechen ... Wow, was für ein Phänomen, was für ein Wunderwerk, was für eine Intelligenz ... und was für ein Universum, wenn ich an den kleinen Bluttropfen mit unzähligen Zellen denke, die unter dem Dunkelfeldmikroskop zu sehen waren. So hatte ich nie zuvor über meinen Körper nachgedacht. Während ich früher nur die äußere Erscheinung meines Körpers wahrnahm, sehe ich ihn heute als ein hochkomplexes, hochintelligentes Wunderwerk. Ich würde sogar sagen, dass ich einen ganz anderen Bezug zu meinem Körper habe als früher.

Impulse von außen für den inneren Heilungsprozess

Mir ist bewusst, dass meine Zellen während meiner Krankheit auf Hochtouren arbeiteten, um meinen Körper von den schädlichen Stoffen zu befreien. Ein Akt der Reinigung, ein Akt der Heilung lief in mir ab, der aufgrund der Heftigkeit nicht schmerzfrei blieb. Die Schmerzen waren die Symptome, aber nicht die Ursache meiner Krankheit. Mit den durchgeführten Therapien und Maßnahmen habe ich nichts anderes gemacht, als meinem Körper die Impulse und die Hilfestellung zu geben, die er gebraucht hat, um seine Arbeit optimaler durchzuführen. Die Ernährungsumstellung entlastete meine Zellen von dem Druck, mit immer noch mehr Giften fertigzuwerden. Es tröpfelte immer weniger Gift von außen in mein „Gefäß", um es nochmals bildhaft darzustellen. Das vermehrte Wassertrinken half meinen Zellen, die Schadstoffe besser aus mir herauszutransportieren. Ebenso dienten die Medikamente als Anstoß für meine Entgiftungsorgane, ihre Arbeit effektiver durchzuführen.

„Nicht der Arzt heilt die Krankheit,
sondern der Körper heilt die Krankheit."

soll Hippokrates gesagt haben. Die Impulse kamen also von außen, aber der Heilungsprozess wurde von meinen Billionen Zellen ausgeführt.

Positive geistige Ausrichtung – Körper und Geist bilden eine Einheit

Ein besonders wichtiger Impuls für meine Zellen war natürlich auch meine positive geistige Ausrichtung. Selbst in den schlimmsten Momenten hielt ich an dem Gedanken fest, dass ich gesund werden kann. Dass unsere Überzeugungen, Gefühle und Gedanken unsere Physis beeinflussen, ist offensichtlich. Wir brauchen uns nur daran zu erinnern, was mit unseren Organen, insbesondere was mit unserem Herzen passiert, wenn wir in panischer Angst oder Hals über Kopf verliebt sind. Gewiss bildet für mich die feinstoffliche Ebene unseres Daseins zusammen mit unserem grobstofflichen Körper eine Einheit, so wie auch Platons Spruch dies vermittelt:

„Das ist der größte Fehler bei der
Behandlung von Krankheiten, dass es
Ärzte für den Körper und Ärzte für die Seele gibt,
wo beides doch nicht getrennt werden kann."

Haben wir friedvolle Gedanken, wirkt sich das wohltuend auf unseren Körper aus. Unser körperliches Wohlbefinden wiederum kann unsere Gedanken und Gefühle entsprechend beeinflussen. Die Herausforderung ist dabei gewiss, eine die Gesundheit fördernde Bewegung, also eine Aufwärtsspirale, in Gang zu setzen und diese auch aufrechtzuerhalten.

3.4.   Die Macht der Gewohnheiten

„Gewohnheit heißt die große Lenkerin des Lebens.
Daher sollen wir auf jede Weise danach streben,
uns gute Gewohnheiten einzuimpfen. "

Francis Bacon

Sich schlechter Gewohnheiten bewusst werden

Waren es nicht die auf Fehlinformationen oder unbewusst falschen Annahmen beruhenden Ess-, Trink-, Denk- und sonstigen Lebensgewohnheiten, die meine Krankheit hervorgebracht haben?! Erst als ich begann, tiefer in das gesamte Geschehen hineinzublicken und so die Zusammenhänge zwischen meinen Gewohnheiten und meinem Wohlergehen klarer zu sehen, war ich bereit, mich von den alten Gewohnheiten zu lösen. Und genau darin lag die Herausforderung für mich: mich trennen von bisherigen, krank machenden Gewohnheiten und mir neue, gesundheitsfördernde Gewohnheiten einpflanzen; ganz so, wie es Hippokrates gesagt haben soll:

„Bevor du jemanden heilst, frag ihn,
ob er bereit ist, die Dinge aufzugeben,
die ihn krank gemacht haben. "

Der erste Schritt der Veränderung ist also immer, sich der schlechten Folgen der bisherigen Gewohnheiten bewusst zu werden. Und diesen ersten Schritt bin ich gegangen, als ich begann, mich mit meiner Krankheit näher zu befassen.

Der nächste Schritt ist dann tatsächlich auch, in die Veränderung zu gehen. Diese Etappe fiel mir nicht sehr schwer, weil ich bereit war, auf dem Weg der Heilung alles willkommen zu heißen. Sicherlich wäre es mir weniger leicht gefallen, wenn ich um meine bisherigen Ess- und Trinkgewohnheiten getrauert hätte. Aber mir war ja bewusst, dass genau diese alten Gewohnheiten meinen Leidenszustand begünstigt hatten.

„Die schlimmste Herrschaft ist die der Gewohnheit."

soll Publilius Syrus gesagt haben. Und ich hatte genug gelitten unter dieser Herrschaft! Ich entschied mich bewusst für die Änderung, für die Gesundheit, für die Heilung! Und genau dieser feste Entschluss machte es mir leicht, mich von all dem bisher Gewohnten abzukoppeln, sodass der Weg frei war, die Samen für neue, gesunde Gewohnheiten auszusäen!

Genusscharakter unseres Essverhaltens

Es gab aber auch einen anderen Aspekt, den ich bei der Umsetzung der strengen Diät in Zusammenhang mit den Gewohnheiten bemerkte. Und zwar waren dies immer bestimmte Momente, in denen ich das große Verlangen nach einem leckeren Kuchen oder frisch gebackenem knusprigen Brot verspürte. Genau in solchen Momenten stellte ich mir immer die Frage, ob dieser starke Drang des „Genießenwollens" nicht auch eine Art Sucht ist? Hat alles mit Genusscharakter nicht auch ein gewisses Maß an Suchtpotenzial? Sind unsere Essgewohnheiten überwiegend auf Genuss aufgebaut und bergen sie deshalb ein Suchtpotenzial? Gibt es Menschen, die süchtig nach Gemüse, Obst oder Wasser sind? All diese Überlegungen kulminierten schließlich in folgender Frage: Kann es sein, dass der Konsum von vorverarbeiteten Lebensmitteln mit Genusscharakter (Knabbereien, Süßigkeiten, Säften, angebratenem Gemüse etc.) schneller zu einem Suchtverhalten führt als der

Verzehr von natürlichen, unverarbeiteten oder wenig verarbeiteten Lebensmitteln (z. B. Nüssen, Obst, Gemüse etc.)? Ich habe nicht recherchiert, ob es diesbezüglich wissenschaftliche Studien gibt. Aber mit Sicherheit kann gesagt werden, dass der Nährwert von natürlichen, unbehandelten Lebensmitteln höher ist und diese somit gesünder sind als behandelte Nahrungsmittel, die ja in der Natur nicht vorkommen.

Unsere Kindheit – die Wurzel unserer Gewohnheiten

Kann es auch sein, dass wir in unserer Kindheit durch erzieherische Maßnahmen verlernen, auf unsere Instinkte zu achten und so von unserem natürlichen Ess- und Trinkverhalten abgekoppelt werden? Ich kann mich z. B. erinnern, dass ich als Kind nie Fleisch mochte. Aber ständig habe ich zu hören bekommen, dass man Fleisch essen soll, Milch trinken soll, um sich körperlich gesund zu entwickeln, um körperlich wie geistig stark zu sein ... Irgendwann kam die Zeit, als ich all das, was ich als Kind nicht mochte, mit Genuss verzehrte. Meine natürlichen Instinkte waren umprogrammiert worden. So wie viele unserer destruktiven Gewohnheiten, basiert auch die Ernährung auf dem, was wir in unserer Kindheit unbewusst verinnerlicht haben. Sie bekommen Macht über uns, über unsere Gesundheit, über unsere allgemeine Lebensrichtung – so lange, bis wir uns ihrer bewusst werden bzw. bewusst werden müssen.

3.5. Die Kraft der bewussten Entscheidung

„Das Schicksal ist keine Frage des Zufalls;
es ist eine Sache der persönlichen Entscheidung.
Es ist nicht etwas, das einen erwartet,
sondern etwas, das man selbst erschafft."

William Jennings Bryan

Angstbasierte Entscheidung – Opfermodus

Als ich mich vor rund zehn Jahren mit Widerwillen für die Festanstellung entschied, war ich im Opfermodus gefangen, in den gewohnten, destruktiven Gedanken um das materielle Überleben. Ich sah mich stets als Opfer dieses Systems. Heute weiß ich, ich war Opfer meiner eigenen unbewussten Glaubenssätze, die auf Angst basierten. Ich ließ mich also von Ängsten leiten, die meinen Fokus und folglich mein gesamtes Leben einengten. Was konnte daraus erwachsen außer Unzufriedenheit und Krankheit?!

Entscheidung, der Intuition bzw. der inneren Stimme zu folgen – Schöpfermodus

Nun, als ich dann krank wurde, stand ich in der körperlich gebrechlichsten Zeit meines Lebens an einem Scheideweg. Ich hatte die Wahl, meine Krankheit, so wie die Ärztin mir empfohlen hatte, als Schicksal zu akzeptieren oder nach weiteren Heilungswegen zu suchen. Sie hatte mit ihrer Aussage ihren Part getan. Nun hatte ich es in der Hand, wie ich mit dieser Aussage umgehe. Diesmal ließ ich mich von meiner Intuition leiten und folgte meiner inneren Stimme, die mir sagte, dass Heilung möglich ist. Ich wusste zu der Zeit zwar nicht, wie ich wieder gesund werden konnte, aber genau das galt es jetzt herauszufinden.

Genauso hätte ich aber an dieser Weggabelung die Feststellung der Fachleute, dass eine Heilung nicht möglich sei, als Fakt akzeptieren und das prophezeite Schicksal tatsächlich zu meinem Schicksal machen können. Bei dieser Option wäre ich den gewohnten, klassischen Weg gegangen, dessen Ende bereits bekannt war. **Wie gut, dass ich den bisher unbeschrittenen Weg gegangen bin!** Dies nenne ich das Kreieren der eigenen Zukunft, das ist für mich Schöpfung!

Wertung vergangener Entscheidungen

Und wenn ich aus heutiger Sicht auf noch weitere Scheidewege in meiner Vergangenheit zurückblicke, so bereue ich all jene angstbasierten Entscheidungen. Sie waren ausnahmslos meine größten Fehlentscheidungen, die mich in meinem Leben zurückwarfen, mich in meinem Sein einschränkten und kleinhielten. Nicht umsonst heißt es: „Angst ist ein schlechter Ratgeber." Mit „Angst" meine ich nicht die angemessene Gefühlsreaktion auf eine gefährliche Situation. Vielmehr meine ich hiermit die ängstlichen Gedanken in Form von Sorgen und Zweifeln über mögliche Ereignisse, die in der Zukunft eintreffen können. Unsere Fokussierung bzw. Identifikation mit solchen negativen Gedanken engt uns in unserer Wahrnehmung so stark ein, dass wir nur noch eine beschränkte Sichtweise haben und nicht das volle Potenzial sehen können, das die Gegenwart bietet.

Dagegen sind alle vergangenen Entschlüsse, die ich aus heutiger Sicht erneut so treffen würde, jene, bei denen ich mich von meiner Intuition, meiner inneren Stimme leiten ließ. Zwar waren diese zum Zeitpunkt der Entscheidung immer mit starken Gefühlen der Unsicherheit behaftet, weil sie nicht in die Struktur des Gewohnten passten; aber umso glücklicher war ich dann, wenn sich herausstellte, die richtige Wahl getroffen zu haben.

Meine Lehren für künftige Scheidewege

Heute weiß ich, dass eine Entscheidung uns in unserem Leben dann voranbringen kann, wenn wir uns erstens unserer grundsätzlichen Wahlfreiheit in der jeweiligen Situation bewusst sind. Und zweitens, wenn unsere freie Wahl im Einklang mit unserer Wesensnatur, unseren tiefen Wahrheiten steht. Ja, aber wie können wir unsere tiefen Wahrheiten erkennen? Ich glaube, es ist unsere Intuition bzw. innere Stimme, die uns in Form von Impulsen stets auf den für uns stimmigen Lebensweg hinweist. Die Herausforderung besteht darin, diese inneren Impulse überhaupt wahrzunehmen, sich ihrer bewusst zu werden. Für mich sind sie der innere Kompass, der uns zu den in uns verborgenen „Schätzen" im Sinne von erfüllterem, glücklicherem Leben führt, wenn wir auch bereit sind, ihnen die nötige Aufmerksamkeit zu schenken.

Stehe ich heute an einem Scheideweg ohne die innere Gewissheit über eine bevorstehende Entscheidung, dann weiß ich, dass ich zunächst tiefer in mich hineingehen muss, um die für mich stimmige Wahl zu erspüren. Mit entspanntem Geist in einer ruhigen Zeit gehe ich quasi in so eine Art inneren, in der Regel schriftlichen Dialog hinein. Ich stelle mir dabei Fragen, die mich dazu bringen, meine latenten Gedanken und Gefühle in dem sonst unbewusst ablaufenden Entscheidungsprozess zu durchleuchten und zu erkennen, was davon wahrhaft meins und was fremd bzw. „abkopiert" ist. Warum würde ich wie entscheiden? Was sind die darunter liegenden Beweggründe? Stimmt meine beabsichtigte Wahl mit meinen Wahrheiten, meinen tieferliegenden Werten und Überzeugungen überein? Was beunruhigt oder stört mich, wenn ich nicht so, sondern anders entscheide? Was verbirgt sich hinter meiner Unentschlossenheit oder meinem unsicheren Gefühl? Ist es die mit dem Sicherheitsdenken verknüpfte Angst? Oder ist es die Intuition, die Ungewissheit, aber auch Freude und Freiheit in sich birgt? Diese und viele weitere Fragen helfen mir, mich aus den unbewusst angenommenen Identifikationen zu lösen und so mehr innere Klarheit und Gewissheit bei meinen Entscheidungen zu erlangen.

Inspirierende Geschichte

Die Geschichte eines Mannes, den wir in unserem Urlaub in Österreich kennengelernt hatten, verdeutlicht für mich auch die Kraft der bewussten Entscheidung an den Scheidewegen unseres Lebens. Der Herr, an dessen Namen ich mich nicht mehr erinnere, war sportlich und schien um die 50 Jahre alt zu sein. Als wir gemeinsam auf der Hotelterrasse saßen, erzählte er, dass er mit dem Fahrrad an dem Tag knapp 40 km zurückgelegt hatte. Er zeigte dabei auf sein Bein und sagte, „und das mit einem Bein, das vor ... Jahren beinahe amputiert worden wäre". Auf die Frage, wie es dazu gekommen war, erzählte er, dass sein Bein durch einen schweren Unfall dermaßen zerquetscht war, dass die Ärzte keine Chance gesehen hatten, es noch zu retten. Er war aber fest entschlossen, sein Bein nicht amputieren zu lassen. In der Nacht vor der großen Operation floh er nach seiner Erzählung mithilfe seiner Frau und eines befreundeten Arztes aus dem Krankenhaus. Sein befreundeter Arzt hätte ihn dann über eine lange Zeit gesund therapiert. Und zwar so gesund, dass er nach Jahren in der Lage war, für sein Alter überdurchschnittliche sportliche Leistungen an den Tag zu legen. Diese Geschichte fand ich so inspirierend, so kraftvoll, dass ich in Zeiten, als es mir mit meiner Krankheit elend ging, mich immer wieder gezielt an sie erinnerte. Sie gab mir den Mut, an meiner geistigen Ausrichtung, wieder gesund zu werden, weiterhin festzuhalten.

Diese und viele andere außergewöhnliche Geschichten lassen mich erkennen, **wie fundamental und entSCHEIDENd im tiefsten Punkt unsere geistige Ausrichtung, unsere bewusste oder unbewusste**

Wahl den weiteren Verlauf unseres Lebens bestimmt. Egal, wie sehr auch die äußerlichen Gegebenheiten auf einen negativen Ausgang hindeuten, sind die Betroffenen bestrebt, ihren Umständen schöpferisch selbst die Richtung zu geben. Man kann sich nicht oft genug vergegenwärtigen, dass wir Schöpfer, nicht Opfer unserer Umstände sind. Selbst wenn wir uns für das Opfer halten, so beruht auch diese Opferrolle auf einer in der Vergangenheit unbewusst getroffenen Wahl unseres Schöpferwesens.

3.6. Die tieferen Ursachen unserer Krankheiten

„‚Geh Du vor', sagte die Seele zum Körper,
‚auf mich hört er nicht. Vielleicht hört er auf Dich.'
‚Ich werde krank werden, dann wird er Zeit für Dich
haben', sagte der Körper zur Seele."

Ulrich Schaffer

Die unsichtbare Ebene unseres Daseins

Ich bin zutiefst davon überzeugt, dass die Ursachen, also die Anfänge körperlicher Krankheiten, wenn wir tiefer bohren, in unseren unbewusst destruktiven Gedanken, Emotionen, Überzeugungen, also auf der unsichtbaren Ebene unseres Daseins zu finden sind. Mit Sicherheit war es mit meiner Krankheit nicht anders, als der obige Spruch zu verstehen ist. Die Unzufriedenheit mit meinem Leben, mein Gefühl, mich im Alltag in verschiedenen, oft unvereinbaren Rollen gefangen zu fühlen, meine Ängste und Sorgen, die wiederum auf tiefergehenden Erlebnissen bzw. Umständen in meiner Kindheit basierten, fanden Ausdruck auf körperlicher Ebene, sobald eine gewisse „Reife" erreicht war. Ich würde sagen: Das Unsichtbare in mir, dem ich nie Beachtung schenkte oder schenken wollte, musste körperlich sichtbar werden, um von mir doch noch beachtet zu werden!

Träume – Vorboten des Unterbewusstseins

In der Zeit, bevor meine Haut zu rebellieren begann, hatte ich sehr intensive Träume bzw. Albträume gehabt. Erst rückblickend versetzte mich das in Staunen, als ich bei näherer Betrachtung symbolhafte Hinweise auf das spätere Erlebnis erkannte. Wiederholt träumte ich in verschiedenen Szenarien, wie ich mich heftigst übergeben musste und hinterher mit Putzen und Säubern beschäftigt war. Ähnliche, sich wiederholende Szenen – ebenfalls Reinigungsaktionen – spielten sich eigenartigerweise alle im Badezimmer ab. Ich war in meinen Träumen stets bemüht, den Boden zu reinigen, mal wischte ich den hoch angesammelten Staub weg, mal war der Boden wegen eines geplatzten Rohrs oder einer defekten Waschmaschine mit Wasser vollgelaufen, sodass ich mit dem Entfernen bzw. Abwischen gar nicht hinterherkam. Panik, Stress, Angst und Abscheu erlebte ich in diesen Träumen so intensiv, dass ich mich heute noch genau an die Details erinnere. Waren meine Träume also Vorboten meines Unterbewusstseins? Insbesondere die Säuberungsszenen, wenn man es symbolhaft nimmt, stimmen mit den später tatsächlich durchgeführten Entgiftungstherapien so überein, dass ich es nicht anders deuten kann. Es ging ja bei meiner Heilung um „Säuberung" von über Jahre angesammelten Schlacken und Toxinen! Genauso wie in den Träumen erlebte ich die heftigen Gefühle auch in realer Form.

All diese Erfahrungen verfestigen meine Ansicht darüber, dass das Unterbewusstsein, welches unsere rational unzugängliche Ebene darstellt, mittels Träumen mit unserem Wachbewusstsein kommuniziert. Insbesondere Träume, die sich in regelmäßigen Abständen wiederholen, bergen meines Erachtens wichtige und nützliche Informationen, die bei richtiger Interpretation und entsprechender Umsetzung uns schmerzarmer durchs Leben führen können. Hätte ich damals meine Träume so gedeutet, wie ich sie jetzt verstehe, hätte ich mit den Entgiftungsmaßnahmen wahrscheinlich unmittelbar und lange vor dem heftigen Krankheitsausbruch begonnen. Die schlimmste Phase mit viel Leid und Schmerz wäre mir dadurch erspart geblieben.

„Reinigung" auf feinstofflicher Ebene – Durchleuchten der Vergangenheit

Nun waren aber die heftigen Ausbrüche da, und ich machte mir bewusst, damit bestmöglich umzugehen. Auf dem Weg des Forschens nach den Ursachen meiner Krankheit fand ich, wie beschrieben, den Weg, den Schlüssel, der mich schließlich gesunden ließ. Ich begann meinen Leib also von Giften, Schlacken und Schadstoffen zu reinigen. Parallel zur Reinigung auf körperlicher Ebene begann ich auch auf der feinstofflichen Ebene meines Daseins, mich von giftigen Gedanken, destruktiven Überzeugungen und Glaubenssätzen zu „säubern". Dabei war ich zu einer Rückschau auf mein bisheriges Leben angehalten, mein Grundwesen zu durchleuchten, meine Ängste, meine Zweifel, meine Entscheidungen, meine prägendsten Erlebnisse und Erfahrungen.

Vieles wurde mir im Laufe meines weiteren Lebens klarer. Ich wusste, warum mein Leben so lief, wie es lief. Ich erkannte, dass ich mich weit von mir, von meinen tiefen Wahrheiten, von meiner Natur entfernt hatte. Bis dahin hatte ich ein Leben geführt, das mit meinem wahren Wesen nicht übereingestimmt hatte. Und genau diese Entfernung, diese Unstimmigkeit hatte den inneren und äußeren Schmerz ausgelöst. Dieser wiederum wurde Anlass für mich, zurück zu mir zu kommen, so wie man im Volksmund jemandem „Komm zu dir!" zuruft, der „außer sich" ist. **Ich wählte, nachdem ich mich lange im Außen geirrt** hatte, die Reise in mein Inneres anzutreten. Vielleicht finde ich deshalb C. G. Jungs Spruch

> *„Wer nach außen schaut, träumt.*
> *Wer nach innen schaut, erwacht."*

so inspirierend.

4. Meine Schlussmessage

> *„Ich bin dankbar für die Steine, die mir*
> *in den Weg gelegt wurden. Ohne sie wäre*
> *ich nicht über meine Stärken gestolpert."*
>
> Unbekannt

Unsere Sichtweise auf Krankheit

Was ist überhaupt eine Krankheit? Warum werden wir von Krankheiten heimgesucht? Hat die ausgebrochene Krankheit eine Vorgeschichte? Wenn ja, welche? Sind das nicht Fragen, denen wir in unserem Leben mehr Raum geben sollten, wenn wir zu einem höheren Verständnis kommen wollen von dem, was uns widerfährt bzw. widerfahren ist? Leider werden mit dem Begriff „Krankheit" automatisch Leid, Schmerz und folglich auch Angst, Sorgen, Kummer assoziiert. Selten sieht man darin die Gesundung bzw. betrachtet man **Krankheit als Beginn eines Gesundungsprozesses**! Wenn man bedenkt, dass unsere Beschwerden nicht ohne Grund auftreten, sondern dass sie durch die in der Vergangenheit unwissentlich gesetzten Ursachen bewirkt wurden, kann man **Krankheit auch als Chance zur Heilung**, zur Wiedererlangung unserer vollen Gesundheit begreifen.

Aus dieser Perspektive betrachtet, sehe ich den Körper als die sichtbare Projektionsfläche aller in der Vergangenheit getroffenen, nicht förderlichen Entscheidungen und Handlungen. Unsere Beschwerden zeigen uns, dass einiges oder vieles in den vergangenen Zeiten verkehrt gelaufen sein muss, weil es nicht unserer Natur entsprach.

Die Krankheit annehmen, Verantwortung übernehmen und das Beste wählen

Wenn wir uns erst mal unserer Krankheit bewusst geworden sind, liegt es in unserer Hand, wie wir damit umgehen. Anstatt uns in die Opferrolle zu begeben, haben wir auch die Wahl, unseren Zustand anzunehmen, um ihn dann zum Besseren zu wenden. Die Annahme bedeutet nicht die Akzeptanz der Krankheit als Schicksal, sondern zu akzeptieren, was und wie gerade unser Zustand ist. Und wir können ja nur das ändern, was wir auch angenommen haben. Der schöne Effekt des Annehmens ist, dass der ständige, unbewusste Gedankenfluss, gegen etwas ankämpfen zu müssen, wegfällt, ganz im Sinne des Dalai-Lama-Spruchs

> *„Nichts ist entspannender*
> *als das anzunehmen, was kommt."*

Und wenn wir aufgehört haben, gegen das Ungewollte anzukämpfen, können wir die freiwerdende Energie für den Aufbau des gewünschten Zustandes nutzen.

Mit dem Akt des Annehmens übernehmen wir auch die Verantwortung für den Umgang mit der gegenwärtigen Herausforderung. Und je nachdem, wie bewusst oder unbewusst wir mit unseren Gedanken, Gefühlen, Entschlüssen und Handlungen in der gefragten Zeit umgehen, nimmt unsere Geschichte ihren Lauf. So gesehen, setzt unser gegenwärtiger Geisteszustand generell und jederzeit neue Ursachen für unser künftiges Leben. Seien wir uns also stets bewusst, welche Ursachen wir vor allem in unseren herausfordernden Zeiten setzen. Und seien wir uns unserer grundsätzlichen Wahlfreiheit bewusst. **So habe ich für mich die Wahl getroffen, den Verlauf meiner Krankheit zu bestimmen, anstatt mein Leben von der Krankheit bestimmen zu lassen.** Ich habe gewählt, Eigenverantwortung zu übernehmen, anstatt die Ärzte für meine nicht-voranschreitende Heilung verantwortlich zu machen. Ich habe das Fokussieren auf die Gesundheit gewählt, anstatt mich von meinen Ängsten und Sorgen leiten zu lassen. Ich habe das Vertrauen auf die Gesundwerdung gewählt, anstatt dem Zweifel Raum zu geben. **Die Krise zu meistern und mit größerer Wachheit und Bewusstheit daraus hervorzugehen, war das Ergebnis meiner Wahl in der schlimmsten Phase meines Lebens.**

Krankheiten – Chancen zur Bewusstseinsentwicklung

So gesehen bieten Krankheiten, Herausforderungen und Krisen immer die Gelegenheit, über uns hinauszuwachsen. Meine Krankheit war eine Einladung zu vielen neuen Erkenntnissen, die mich von schweren, lästigen, destruktiven Gedanken und Glaubensmustern befreiten. Mehr und mehr stellte sich eine fühlbare Leichtigkeit in meiner geistigen Grundhaltung und meinen Gedanken ein, womit es mir heute leichter fällt, mit neuen Herausforderungen umzugehen. Ich fühle mich im wahrsten Sinne des Wortes wacher, bewusster als vor meiner Krankheit. Ich würde sogar sagen, ich bin dankbar für Schmerzen, Leid, Sorgen und Angst, die mir meine Krankheit bereitet hat. **Von einer höheren Warte aus sehe ich alles in allem einen Prozess der Bewusstwerdung über mein eigenes Wesen.**

Während ich dieses Buch schreibe, geht die Corona-Pandemie um und löst in mir keine Ängste aus. Vielleicht, weil ich davon überzeugt bin, dass an einem basischen, gesunden Körper unerwünschte Gäste wie Bakterien oder Viren sich schwerer anhaften können als in einem sauren Milieu. Vielleicht auch, weil ich tief verinnerlicht habe, dass Angst kein guter Ratgeber ist – allein schon aus dem Blickwinkel betrachtet, dass sie meine Immunität schwächt –, und deshalb die angstvollen Nachrichten bei mir einfach keinen fruchtbaren Boden finden. Möglicherweise ist auch die Angstfreiheit darin begründet, dass ich durch die Heilung einer schweren Krankheit über einen Erfahrungsschatz verfüge, aus dem ich stets Kraft und Vertrauen schöpfe, im Sinne des so kraftvollen Spruchs:

„Ein Vogel hat niemals Angst davor,
dass der Ast unter ihm brechen könnte.
Nicht weil er dem Ast vertraut,
sondern seinen eigenen Flügeln."

I. Verzeichnis Sprüche und Zitate

„Teilen ist Heilen." – Unbekannt

„Wer Freude genießen will, muss sie teilen. Das Glück wurde als Zwilling geboren." – George Gordon Byron

„Wenn die Seele weint, aber der Mund schweigt, spricht der Körper." – Unbekannt

„Es kommt nicht darauf an, dem Leben mehr Jahre zu geben, sondern den Jahren mehr Leben zu geben." – Alexis Carrel

„Bis du dem Unbewussten bewusst wirst, wird es dein Leben steuern und du wirst es Schicksal nennen." – C. G. Jung

„In Wirklichkeit erkennen wir nichts. Denn die Wahrheit liegt in der Tiefe." – Demokrit

*„Jeder möge sein eigener Geschichtsschreiber sein,
dann wird er sorgfältiger und anspruchsvoller leben."* – Bertolt Brecht

„Ich weiß, dass ich nicht weiß." – Sokrates

„Jede Krankheit hat ihren besonderen Sinn, denn jede Krankheit ist eine Reinigung, man muss nur herausbekommen, wovon. Es gibt darüber sichere Aufschlüsse; aber die Menschen ziehen es vor, über Hunderte und Tausende fremder Angelegenheiten zu lesen und zu denken, statt über ihre eigenen. Sie wollen die tiefen Hieroglyphen ihrer Krankheit nicht lesen lernen." – Christian Morgenstern

„Keine Krankheit kann in einem basischen Milieu existieren. Nicht einmal Krebs." – Dr. Otto Warburg, Träger des Medizinnobelpreises 1931

„Was die Lunge nicht ausscheiden kann, muss der Darm ausscheiden. Was der Darm nicht ausscheiden kann, das muss die Niere ausscheiden. Was die Niere nicht ausscheiden kann, muss die Haut ausscheiden. Was die Haut nicht ausscheiden kann, führt zum Tode." –
Spruch aus der chinesischen Heilkunde

„Am Tag solltest du 20 Minuten lang meditieren, außer du hast keine Zeit dafür. Dann solltest du für eine Stunde meditieren." –
Zen-Sprichwort

„Manchmal muss man die Perspektive wechseln, um den Himmel zu sehen." – Unbekannt

„Ich versuche eigentlich mit all meinem Tun, die Verrücktheit und Schönheit des Lebens auszudrücken – und die Erde in einen besseren Ort zu verwandeln. Für mich gibt es im Leben einfach keinen größeren Sinn, als meinen Teil dazu beizutragen – für Tiere, für die Umwelt und für die Menschen" –
Moby, Musiker und Künstler, veganmagazin März 2018

„Der Mensch hat dreierlei Wege, klug zu handeln; erstens durch Nachdenken, das ist der edelste, zweitens durch Nachahmen, das ist der leichteste, und drittens durch Erfahrung, das ist der bitterste." –
Konfuzius

„Sei du die Veränderung, die du dir wünschst für diese Welt." –
Mahatma Gandhi

„Viele kleine Leute, an vielen kleinen Orten, die viele kleine Dinge tun, können das Gesicht dieser Welt verändern." –
Spruch aus Afrika

„Alle Patienten tragen ihren eigenen Arzt in sich. Sie kommen zu uns, ohne diese Wahrheit zu kennen. Wir sind dann am erfolgreichsten, wenn wir dem Arzt, der in jedem Patienten steckt, die Chance geben, in Funktion zu treten." – Albert Schweitzer

„Nicht der Arzt heilt die Krankheit, sondern der Körper heilt die Krankheit." – Hippokrates

„Das ist der größte Fehler bei der Behandlung von Krankheiten, dass es Ärzte für den Körper und Ärzte für die Seele gibt, wo beides doch nicht getrennt werden kann." – Platon

„Gewohnheit heißt die große Lenkerin des Lebens. Daher sollen wir auf jede Weise danach streben, uns gute Gewohnheiten einzuimpfen." – Francis Bacon

„Die schlimmste Herrschaft ist die der Gewohnheit." – Publilius Syrus

„Das Schicksal ist keine Frage des Zufalls; es ist eine Sache der persönlichen Entscheidung. Es ist nicht etwas, das einen erwartet, sondern etwas, das man selbst erschafft." – William Jennings Bryan

„‚Geh Du vor‘, sagte die Seele zum Körper,
‚auf mich hört er nicht. Vielleicht hört er auf Dich.‘
‚Ich werde krank werden, dann wird er Zeit für Dich haben‘,
sagte der Körper zur Seele." – Ulrich Schaffer

„Wer nach außen schaut, träumt. Wer nach innen schaut, erwacht." – C. G. Jung

„Nichts ist entspannender als das anzunehmen, was kommt." – Dalai Lama

„Ein Vogel hat niemals Angst davor, dass der Ast unter ihm brechen könnte. Nicht, weil er dem Ast vertraut, sondern seinen eigenen Flügeln." – Unbekannt

Weitere kraftvolle, inspirierende Sprüche und Zitate, die nicht im Hauptteil zitiert sind:

„Wir Modernen, wir Kurzatmigen in jedem Sinne, wir krepieren an übermäßiger Fütterung und sterben an mangelnder Verdauung." – Friedrich Nietzsche

„Lass die Nahrung deine Medizin sein, und Medizin deine Nahrung." – Hippokrates

„Der Arzt behandelt, die Natur heilt." – Hippokrates

„Alle Krankheiten beginnen im Darm." – Hippokrates

„Wer glaubt, keine Zeit für seine Gesundheit zu haben, wird später Zeit brauchen für seine Krankheit." – Sebastian Kneipp

„Gesundheit ist nicht alles. Aber ohne Gesundheit ist alles nichts." – Arthur Schopenhauer

„Alles in deinem Leben ist eine Reflexion deiner Entscheidungen. Wenn du ein anderes Ergebnis willst, musst du andere Entscheidungen treffen." – Unbekannt

II. Weiterführende Informationen

Bücher

- China Study: Die wissenschaftliche Begründung für eine vegane Ernährungsweise
  Autoren: T. Colin Campbell und Thomas M. Campbell

- Gesundheit durch Entschlackung
  Autor: Dr. h. c. Peter Jentschura, Josef Lohkämper

- Wir fressen uns zu Tode. Das revolutionäre Konzept einer russischen Ärztin
  Autor: Galina Schatalova

- Die Weizenwampe. Warum Weizen dick und krank macht
  Autor: Dr. med. William Davis

- Darm mit Charme. Alles über ein unterschätztes Organ
  Autor: Giulia Enders

- Vegan-Klischee ade!: Wissenschaftliche Antworten auf kritische Fragen zu pflanzlicher Ernährung
  Autor: Niko Rittenau

Dokumentarfilme und Sonstiges

· *Film: Hope for All. Unsere Nahrung – unsere Hoffnung*
von Nina Messinger

· *Film: We Feed the World - Essen global*
von Erwin Wagenhofer

· *Film: Live and Let Live* von Marc Pierschel

· **Studie** bestätigt „**Haut als Spiegel der Seele**"
www.aerztezeitung.de/Medizin/Studie-bestaetigt-Haut-als-
Spiegel-der-Seele-239046.html

· **Eine inspirierende Geschichte zur Kraft der Entscheidung** ist
die Geschichte von Jerry (englisch):
„Attitude is Everything"
blasiegroup.sas.upenn.edu/strzalka/attitude.html

III. Bilder aus der Hochphase meiner Krankheit

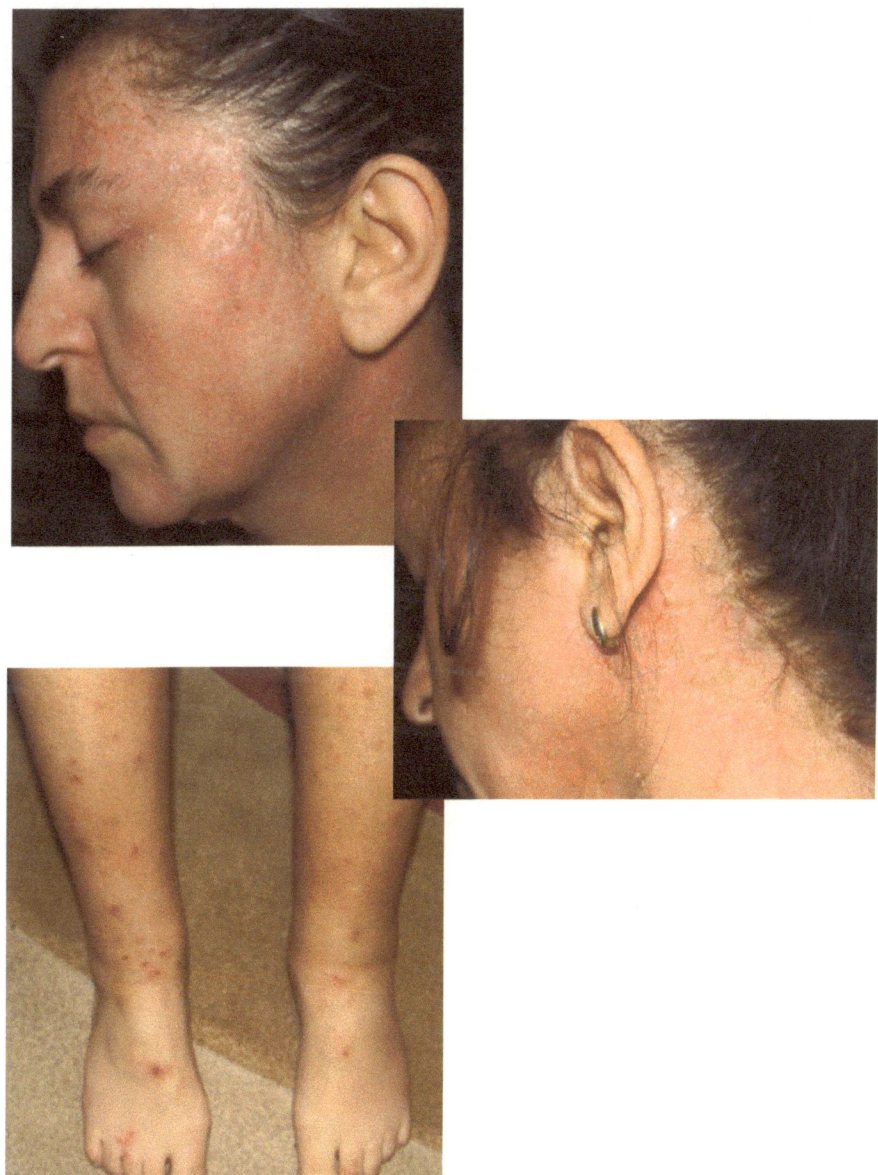

V. Feedback

Ich freue mich über jedes konstruktive Feedback, das mir wie ein Spiegelbild zeigt, ob und wie gut ich meinen Zweck mit dieser Publikation erfüllt habe. Für mich bedeutet es eine große Erfüllung, wenn ich dir einen Hauch Inspiration mit meiner Geschichte geben konnte. In diesem Fall würde ich mich auch über eine positive Rezension freuen. Du kannst natürlich dieses Buch auch sehr gerne an Menschen weiterempfehlen, denen meine Story ebenfalls einen Mehrwert bieten könnte. Vielen herzlichen Dank!

Zeitfracht Medien GmbH
Ferdinand-Jühlke-Straße 7
99095 Erfurt, Deutschland
produktsicherheit@kolibri360.de